RAPPORT

DE

JULIEN RAIMOND,

Commissaire délégué par le Gouvernement français aux Isles sous le vent,

AU MINISTRE DE LA MARINE.

CITOYEN,

JE vous dois toute la vérité sur la situation politique de la Colonie, sur les opérations du Gouvernement, sur ma conduite individuelle. Je dois, au Directoire exécutif, compte de mes principes, de mes discours et même de mon silence ; mais j'ai dû au bien public, au salut de la Colonie, à la conservation des Européens qui l'habitent encore, de ne pas compromettre de si grands intérêts, par un zèle indiscret et téméraire, et de ne pas soulever, *avant le temps*, aux yeux de la France, le voile qui couvrait un systême de perfidie, dont la révélation prématurée aurait accéléré et peut-être assuré l'exécution.

Une patience infatigable, une inertie raisonnée, la seule force qu'il fût possible d'opposer à la violence, le temps, qui contraint enfin les pervers à déposer le masque, et qui, tôt ou tard, amène à sa suite la justice et la vérité ; telles sont les armes avec lesquelles j'ai combattu, avec lesquelles j'ai eu le bonheur de faire triompher la République. C'est en demeurant inséparablement uni à son ennemi, que je l'ai terrassé ; c'est en cédant à toutes ses impulsions, que j'ai paralysé tous ses efforts.

Aujourd'hui que le joug de fer qu'il avait su imposer, jusques sur la tête de ses collégues, est enfin brisé; que la liberté qu'il avait exilée de cette Colonie, y est rentrée par son départ, le premier usage que j'en veux faire, est de rendre, devant vous et devant le Directoire exécutif, un hommage éclatant à la vérité qu'il *a* si long-temps tenue captive; je m'honore de ne l'avoir point blessée dans les divers rapports que je vous ai faits; mais, et plus d'une fois vous avez pu le remarquer dans ma correspondance, j'ai été contraint de la laisser dans le nuage dont on l'avait enveloppée; je me félicite de pouvoir vous la montrer enfin toute nue; je ne vous citerai que des faits, et je les appuyerai de pièces probantes et du témoignage d'hommes dont le civisme et la moralité sont également irréprochables. Vous pourrez en juger par le caractère et les principes des citoyens qui vous remettront ces dépêches. Le compte particulier que vous rend, de son côté, le général Toussaint Louverture, de tout ce qu'il a fait pour conserver à la République cette précieuse possession, ne laissera aucun doute, ni sur les dangers qu'elle a courus, ni sur l'indispensable nécessité des mesures prises pour la sauver.

A l'arrivée de la Commission dans la Colonie, nous la trouvâmes divisée en deux partis prêts à en venir aux mains. La rivalité de deux généraux avait rallumé une guerre de couleur. Pour soutenir un premier acte d'insubordination, *Villatte* avait pris les armes contre son chef le général *Laveaux*. A cette nouvelle, le général Toussaint, n'écoutant que son devoir et son attachement à la France, avait volé, avec le plus grand nombre des chefs noirs, au secours de la première et seule autorité immédiatement déléguée par la République. Les hommes de couleur et tous les citoyens blancs et noirs de la partie du Nord, aigris contre Laveaux, tenaient au parti de Villatte, un grand nombre l'avait suivi, et campaient avec lui au fort de la

Martellière. On attendait, en frémissant, le signal de la guerre civile. Cependant le cri de vive la République retentissait dans les deux armées. Tous voulaient la liberté ; aucun ne songeait à s'appuyer du secours de l'étranger, et dans le camp même des rebelles, flottait le drapeau tricolor.

Dans ces circonstances critiques, je pensai qu'il était de la sagesse et de la dignité de la Commission de signaler son arrivée par un grand acte de clémence, de réunir des hommes qui n'avaient besoin que de s'entendre, pour cesser d'être divisés, et que la reconnaissance du bienfait de l'amnistie attacherait encore plus à une patrie indulgente et à un gouvernement paternel. A ces motifs, puisés dans mes sentimens naturels de modération, s'en joignaient d'autres tirés des instructions du Directoire exécutif et des intentions bien manifestées du Corps législatif, qui, au moment où il avait présenté au Peuple la constitution qui devait assurer son bonheur, avait voulu jeter le voile de l'oubli sur toutes les erreurs de la révolution.

Le citoyen Giraud, mon collégue, était du même avis. Le citoyen Leblanc lui-même n'en paraissait pas éloigné. Sonthonax, au contraire, soit qu'il voulût s'attacher le général Laveaux en épousant ses ressentimens, soit qu'il saisît cette occasion, comme on l'en a accusé, d'exercer sur les hommes de couleur des vengeances personnelles, annonça, dès ses premiers pas, les intentions les plus hostiles contre cette caste, en même-temps qu'il laissait appercevoir à ses collégues qu'il ne serait pas sûr de combattre ses opinions et de résister à ses volontés.

Il l'emporta donc, et mettant à part le mérite plus ou moins grand de l'avis qui prévalut, je dois dire que je fus fortement frappé du ton d'autorité et de suprématie qu'il affecta envers ses collégues, et que je crus voir, dans ce début, le projet formé de dominer la Commission.

Cette première victoire ne servit qu'à l'y affermir. Leblanc, homme d'une réputation équivoque ; et que Sonthonax, de son propre aveu, n'avait poussé dans la Commission, que parce qu'il tenait au parti terroriste, qui, à cette époque, paraissait avoir encore quelque puissance, et pour se ménager, par son moyen, quelque intelligence avec le vainqueur, si cette faction venait à se rendre prédominante ; Leblanc, par caractère, aussi ambitieux et non moins intrigant, tartufe politique, caressant et déchirant tout ce qui l'approchait, dénigrant ses collégues près des citoyens qui avaient quelque influence, et dénonçant ces citoyens à ses collégues ; esprit inquiet et remuant, à qui tous les rôles étaient bons, pourvu qu'il en jouât un, et qui disait assez hautement qu'il ne connaissait pas de plus grand ressort de Gouvernement que l'espionnage ; Leblanc parut à Sonthonax un rival redoutable ou un associé utile ; il aima mieux se liguer avec lui que le combattre ; ils se coalisèrent donc, et de là l'oppression de la Commission et tous les malheurs qui en furent la suite inévitable.

La première manœuvre des co-associés fut d'agiter les citoyens par des terreurs, et de multiplier tellement les faux bruits, qu'il fut impossible de se reconnaître dans ce cahos de rapports contradictoires. La tourbe d'espions dont Leblanc était entouré se met en campagne. De jour, de nuit, dans tous les quartiers de la ville, ce ne sont qu'allées et venues continuelles. L'alarme une fois donnée, va toujours croissant d'elle-même, et les signes de l'épouvante sont travestis en preuves de conspiration. Leblanc veut imprimer au conseil la terreur qu'il inspire et qu'il reçoit lui-même par réaction ; il ne rêve, il ne parle que de complots ; tantôt c'étaient les noirs qui voulaient égorger les hommes de couleur ; tantôt c'était les hommes de couleur qui voulaient égorger les noirs et les blancs. Une grande partie de chaque séance était employée à entendre le récit de ces *grandes conspirations*.

Sonthonax feignait de croire à tout; mais la sérénité de son visage le démentait. L'honnête Giraud, qui ne connaissait pas le pays, était effrayé; il ne dormait ni nuit ni jour; il ne respirait pas. C'était l'état où on voulait l'amener.; il restait encore à lui inspirer des doutes sur mes principes et mon attachement à la France; et, en l'éloignant de moi, à nous réduire l'un et l'autre à la nullité la plus absolue. Voici comme on s'y prit.

Leblanc arrive au conseil avec un paquet scellé de cinq cachets; il contenait, disait-il, le plan de la plus horrible conjuration qui eût jamais été tramée à Saint-Domingue. On y trouverait le nom des chefs, les moyens qu'ils devaient mettre en usage, l'heure et le lieu où elle devait éclater : il le dépose entre les mains du secrétaire général, qui reçoit ordre de le garder jusqu'au moment où le salut public permettrait d'en faire l'ouverture.

Le ton solennel du dénonciateur, son air effrayé et ces formes extraordinaires, qui semblaient annoncer que le chef de la conspiration siégeait dans le sein même du conseil, produisirent l'effet qu'il en attendait. Nous nous regardions tous, et cherchions des yeux le coupable. Quel fut notre étonnement! lorsqu'à l'occasion des événemens du Sud, la Commission ayant exigé que le mystère du paquet aux cinq cachets fût enfin dévoilé, il ne s'y trouva que de misérables quolibets du coin des rues et des propos ridicules, recueillis aux portes des cabarets. Le dénonciateur embarrassé, confondu, déchira lui-même cette méprisable diatribe; mais le coup n'en était pas moins porté, la confiance éteinte entre les membres de la Commission, et toute ouverture fermée à ces épanchemens fraternels, qui seuls auraient pu déjouer les trames criminelles de cette ténébreuse coalition.

Aussi, dès ce moment, vis-je succéder la réserve et la froideur aux égards que mes collégues m'avaient montré avant leur arrivée dans la Colonie. Le vertueux *Giraud* lui-même ne fut pas exempt de défiances. Pour moi, laissant au temps le soin de me justifier, et ne voulant ni m'abaisser à des apologies, ni m'avilir par une guerre d'intrigues, je trouvais dans une conscience pure, un asile contre la fureur des méchans ; je me réfugiais chaque jour dans le sein de ma famille, et me consolais du bien que je ne pouvais faire, par les maux que je prévenais, consolant les hommes de bien qu'affligeait le spectacle des malheurs de la Colonie, calmant les plus emportés, rassurant les hommes de couleur, à qui l'on disait que l'intention du Gouvernement était de les exterminer, prêchant à tous l'union, la concorde, la paix, et le respect des lois.

Le but de tant de manœuvres était de me mettre hors d'état d'influer dans une affaire à laquelle Sonthonax attachait la plus grande importance, l'envoi et la nomination des délégués pour la partie du Sud. Les premières propositions avaient été faites, à ce sujet, avant le dépôt du mystérieux paquet.

Né dans cette partie de la Colonie, et y ayant toujours conservé des relations avec des hommes dignes d'estime et de confiance, j'observai à mes collégues, qu'avant d'arrêter aucune mesure définitive, il convenait de prendre des informations sur la situation de ce département ; que les renseignemens donnés au Cap, par des hommes passionnés, ne pouvaient servir de base à une détermination aussi majeure, je proposai d'écrire au citoyen *Gérard*, vieux colon blanc, universellement respecté, et qui avait été membre de l'assemblée constituante ; à *Labadie*, homme de couleur, vieillard respectable, et à qui les fauteurs de l'esclavage eux-mêmes ne reprochaient que son extrême bonté pour les noirs ; à *Philippe de Pas*, colon blanc, considéré pour ses lumières et sa moralité ; enfin, à mon frère, qui avait rempli, avec l'approbation générale, des fonctions importantes, et qui partageait mes principes, mes sentimens et mon amour pour la vérité.

On parut céder à mes observations ; en conséquence, j'écrivis ; je communiquai mes lettres au conseil, qui les approuva ; j'invitai ces quatre citoyens à se rendre auprès de la Commission, pour l'aider de leurs lumières sur l'état du département qu'ils habitaient, et sur les mesures à prendre pour y affermir la liberté, en y établissant la constitution et les lois.

Cette démarche, qui contrariait les vues de Sonthonax et de Leblanc, ne fit que redoubler leurs haines et leurs intrigues. Ce fut alors que fut fabriqué le paquet aux cinq cachets, et que la calomnie fut déchaînée, avec fureur, contre moi. J'étais sourdement présenté aux blancs comme leur ennemis ; aux noirs, comme le chef du complot formé contr'eux par les rouges. Venait-il chez moi un homme de couleur, *je les ralliais pour me faire un parti ;* un blanc, *je voulais les tromper pour mieux les égorger ;* un noir, *je cherchais à l'entraîner dans ma conjuration.* Ainsi l'on était parvenu à éloigner de moi tous les citoyens, excepté ceux des blancs et des rouges qui m'avaient connu en Europe, et qui étaient sûrs de mes principes et de mon inébranlable attachement à la République. Enfin, ces odieuses rumeurs influèrent sur mes collégues eux-mêmes, et l'emportèrent dans leur esprit sur cinq ans de la conduite la plus pure, tenue à Paris sous leurs yeux. Tout ce que je pouvais proposer au conseil, pour le bien de la Colonie, était rejeté avec peu d'égards, souvent même avec dédain. En vain présentai-je dix fois, à différentes époques, un plan et des moyens pour le rétablissement des cultures, je n'étais jamais écouté ; il samblait que cet objet fût le dernier dont on dût s'occuper. J'étais enfin tombé dans un tel état de nullité ; chaque jour, j'étais abreuvé de tant d'amertumes, que sans mon désir ardent d'en venir à mes fins, à force de patience, et par l'abnégation la plus complète, j'aurais abandonné la partie; mais j'ai tout supporté pour conserver la Colonie à la France, et consolider le triomphe de la cause de l'humanité, en présentant à l'Univers le spectacle de cette île immense, portée au plus haut degré de splendeur par des mains libres.

Après avoir ainsi anéanti toute mon influence dans le conseil, on reproduisit la proposition d'envoyer des délégués dans le Sud, sans attendre la réponse aux lettres que j'avais écrites. Ne pouvant, seul contre trois, m'opposer à cette mesure, je donnai, au moins, mon avis sur le choix des personnes les plus propres à cette mission, et proposai les citoyens Gérard et Labadie. Il était impossible de former contr'eux la moindre objection; mais ce n'était pas le compte des meneurs, et la nomination fut ajournée.

On dresse sur le champ une autre batterie; pour étouffer entièrement ma voix et achever de me perdre dans l'opinion publique, on imagine de me faire dénoncer indirectement, dans la personne d'un de mes secrétaires, par un homme qui m'était absolument inconnu. On l'accusait d'avoir dit, qu'*il fallait égorger tous les blancs de la Colonie;* on avait fait ajouter ces mots : *Et le secrétaire a assuré que le commissaire pensait comme lui.*

Cette dénonciation, contre un membre de la Commission, reçue et rédigée par Sonthonax seul, communiquée l'instant d'après à Leblanc par Sonthonax, fut cachée pendant deux jours au citoyen Giraud et au secrétaire général, dont on redoutait l'intégrité, et ne lui fut communiquée que parce qu'il était absolument nécessaire qu'il la reçût. Il n'était pas alors mon gendre; il ne l'est devenu que huit mois après, et ne me venait voir que

très-rarement

très-rarement ; il fit des observations sur ce défaut de forme : on lui répondit qu'on l'avait fait chercher inutilement ; il est cependant vrai qu'il n'était pas sorti de chez lui de toute la journée; et il le leur observa lui-même. Enfin, après quatre jours de mystère, j'en fus informé moi-même, par la lecture qu'en fit au conseil le commissaire Leblanc ; je demandai à l'instant qu'elle fût inscrite sur les registres ; que mon secrétaire Barbault-Royer et son dénonciateur fussent mandés, séance tenante, afin d'être confrontés entr'eux et avec moi ; j'offris enfin de m'absenter du conseil, jusqu'à ce que tous les doutes fussent éclaircis. Tout me fut refusé. Leblanc me répondit, en balbutiant, que je n'étais pas soupçonné par mes collègues (qui cependant gardèrent le silence) qu'il ne fallait pas ébruiter cette affaire, qui, sans doute, tenait à la grande conspiration dont il avait découvert la chaîne, et qu'il avait dévoilée dans le paquet aux cinq cachets ; on me recommanda même de n'en pas parler à Barbault-Royer, afin de lui donner le temps de se démasquer ; et au gouvernement, celui de le surveiller. Je le promis et je tins parole. Environ un mois après, sur mes instances réitérées, on fit enfin un rapport sur cette affaire. Ce fut le commissaire Giraud qui en fut chargé. L'accusateur et l'accusé furent mandés en sa présence, interrogés et confrontés par lui ; le premier affaiblit considérablement sa déposition, fut confondu sur plusieurs points, et soutint constamment qu'il n'avait jamais avancé avoir entendu dire à *Barbault, que le commissaire pensait qu'il fallait égorger les blancs.* Il ne resta plus de doute sur l'absurdité et l'atrocité de cette calomnie ; mais le trait empoisonné était lancé et la blessure faite. Sonthonax, en communiquant mystérieusement aux blancs et aux noirs, cette dénonciation, était parvenu à les éloigner de moi. Pour les rouges, je n'osais plus les recevoir, dans la crainte d'exciter des soupçons ; l'on exigea même de moi, le sacrifice de deux jeunes gens que j'avais pris dans ma maison, l'un en qualité d'aide de camp, l'autre pour écrire dans mes bureaux. On allégua pour prétexte qu'ils avaient trempé dans l'affaire du 30 Ventôse. Je ne m'étais cependant attaché le premier, qu'après en avoir fait part au général Laveaux, qui lui avait donné une attestation favorable. Le second ne mangeait pas chez moi, et n'avait été demandé, par mes secrétaires, que pour transcrire sur mes registres, les affaires courantes.

Peu de temps après, *Barbault-Royer*, ayant engagé une discussion polémique avec l'ex-ordonnateur Perroud, et l'ayant prolongée, malgré la défense formelle que je lui en avais faite, je fus contraint de le renvoyer. Aussitôt il devient un personnage intéressant ; Leblanc l'invite à sa table, le fait asseoir à ses côtés, le comble de prévenances. Leblanc qui l'avait dénoncé, qui l'avait couvert de boue, dans les journaux du Cap, le propose pour juge de paix de la ville ; depuis il fut nommé membre de la Haute-Cour nationale, et personne n'ignore quelle influence dirigea les choix de cette assemblée électorale.

Cependant Sonthonax et Leblanc ne perdaient pas leur objet de vue. Dès qu'ils m'eurent réduit à l'impuissance de leur résister, en dénonçant mon secrétaire, et en écartant, sous des prétextes de bien public, les éclaircissemens qui devaient confondre la calomnie, ils réitèrent la proposition d'envoyer des délégués dans le *Sud*. J'osai proposer les mêmes. Labadie fut le seul que je pusse faire accepter ; on lui adjoignit *Rey* et *Leborgne*. Peu de jours après, on répandit que *Labadie* était mort, et *Pascal* fut nommé à sa place. C'était *Leblanc* qui avait demandé cette nomination, pour faire passer le secrétariat dans les mains d'une de ses créatures, qu'il avait déjà fait nommer adjoint au secrétaire général.

Je savais qu'on ne voulait qu'écarter un surveillant incommode, dont on redoutait les lumières et la droiture. Je l'engageai à ne pas accepter ; lui-même eut quelque répugnance à se charger de cette mission, avec les collaborateurs auxquels on voulait l'associer, et il refusa. Je proposai le citoyen Kerversau, déjà nommé adjudant général de la division du *Sud*. Sa moralité et ses principes bien connus, ne permirent point d'objections contre ce choix, et il fut accepté, quoiqu'avec peine.

A peine la nouvelle de la première nomination fut-elle connue dans le *Sud*, que je reçus de toutes parts des réponses aux lettres que j'avais ci-devant écrites. Je les communiquai toutes à mes collégues, et l'unanimité d'opinion de tant de citoyens estimables me paraissait devoir faire quelque impression sur le conseil. Je me trompai. La lettre même de Rigaud ne fit pas plus d'effet ; il me disait qu'il n'avait qu'à se louer du choix des citoyens Pascal et Leborgne, mais il se plaignait, avec amertume, de l'envoi du citoyen Rey ; c'était, disait-il, un ennemi de la liberté, un ennemi des hommes de couleur, contre lesquels il n'avait cessé de porter les armes, lorsqu'ils combattaient pour la conquête de leurs droits, c'était son ennemi personnel, et l'un des auteurs de l'assassinat tenté sur lui, le 14 Juillet 1793 ; Rey, ajoutait-il, était odieux à tous les citoyens du Sud, à cause de sa profonde immoralité et de l'indécence de sa conduite, durant son séjour dans ce département.

En supposant ces griefs infiniment exagérés, et dictés par la haine et l'animosité, il n'en est pas moins vrai que le devoir de la Commission étant de concilier et non d'exaspérer les esprits, il était également impolitique et dangereux d'envoyer auprès de Rigaud, un homme contre lequel il venait de se prononcer, avec tant de violence. La Commission n'avait aucune force à mettre entre les mains de ses délégués, et Rigaud était tout puissant.

Placer en présence deux hommes aussi irrités l'un contre l'autre, n'était-ce pas avertir celui qui avait la puissance militaire entre les mains de se mettre en défense ? Que répondit-on à ces observations ? *Que la Commission ne devait pas s'embarrasser si ce choix déplairait ou non à Rigaud.*

Il semble que le génie de la discorde dirigeât toutes les opérations relatives au Sud. A peine les délégués furent-ils nommés, que Sonthonax proposa de faire partir, avec eux, le général Desfourneaux, sous prétexte de faire l'inspection des troupes dans cette partie.

Sans rien ôter à ce général de ses qualités civiles et militaires, je représentai qu'il n'était pas convenable d'envoyer, dans ce département, un officier qui, d'après l'affaire du Port-au-Prince, ne pouvait manquer de se trouver en butte à une foule de haines particulières, et d'avoir beaucoup de vengeance à exercer sur les hommes de couleur, qui avaient provoqué son embarquement pour France ; que Polverel et Sonthonax eux-mêmes avaient déclaré, au Comité de salut public, qu'il serait dangereux, sous ces rapports, de lui confier le commandement de Saint-Domingue. On parut déférer, pour le moment, à ces observations ; mais on revint bientôt à la charge, avec plus de succès.

Leblanc et Sonthonax s'étaient partagé entr'eux, les principales branches du pouvoir. Le premier s'était emparé des finances, de la marine, et y joignait encore la police générale. Le second s'était réservé la guerre et la correspondance directe avec les délégués ; on avait laissé à Giraud l'ordre judiciaire ; à moi les cultures, qui n'existaient point encore, et l'instruction publique.

Aux premières nouvelles que Sonthonax reçut de Leborgne, qui correspondait directement avec lui, et dont il ne communiquait au conseil que ce qui pouvait convenir à ses vues, il se hâta de réitérer la proposition d'y envoyer Desfourneaux. Sonthonax, qui ne laissait pas échapper une occasion de me susciter un ennemi, n'avait pas manqué de rapporter au général Laveaux, que ce *mulâtre de Raimond*, c'est ainsi qu'il me désignait, s'y était opposé seul. Desfourneaux s'en était plaint, avec amertume, au citoyen Pascal, qui m'en avait informé. Je me résolus donc à garder le silence ; et son départ pour le *Sud* fut arrêté sans réclamations.

Desfourneaux, à peine nommé, se rend à son poste en diligence. Il rencontre, sur sa route, le général Toussaint, qui lui demande le terme et l'objet de son voyage. Desfourneaux le lui apprend. Toussaint lui ouvre son cœur, et lui fait, presque mot à mot, les mêmes objections que j'avais présentées au conseil. Il fit plus, il écrivit à la Commission pour lui représenter tous les maux dont la présence de ce général, dans le Sud, pouvait être la cause. Sonthonax, qui s'était emparé exclusivement de la correspondance avec les généraux, ne communiqua point cette lettre, et le plan projeté eut son exécution.

Il est consolant pour moi, aujourd'hui que le cœur et les principes du général Toussaint me sont connus, comme les miens propres, d'apprendre que, tandis que Sonthonax employait les plus indignes moyens, pour me diffamer dans l'opinion de ce général, tandis qu'il me présentait, à ses yeux, comme un ennemi de la République et de l'humanité, il m'est doux d'apprendre que, sans nous être jamais concertés, sans même avoir pu nous parler d'affaires, plus de deux ou trois fois, pendant l'espace de dix-huit mois, nous ayons cependant eu les mêmes idées sur presque tous les événemens ; et dans le cours de ce rapport, vous verrez, citoyen Ministre, qu'à un grand éloignement l'un de l'autre, au milieu des défiances réciproques qu'on nous avait inspirées, nous méditions tous les deux les mêmes moyens de sauver la chose publique, et que plus d'une fois, dans la même journée, nous fîmes, chacun de notre côté, les mêmes objections à celui qui méditait une insigne trahison contre son pays. Je reprends le fil des événemens.

Grâces à l'influence de Kerversau et à l'extrême célérité de la marche du général Desfourneaux, l'arrivée de ce dernier aux Cayes n'y causa aucune secousse. Son début même y fut assez heureux. Il vécut familièrement avec Pinchinat et les chefs du Sud, et tout annonçait une entière réconciliation; mais ce général n'était ni assez réservé, ni assez politique pour conserver long-temps l'affection qu'il avait paru capter un moment. Les anciennes haines ne tardèrent pas à se réveiller. De fausses mesures ordonnées, par la Commission, augmentèrent encore le mécontentement général, et devinrent l'occasion et le prétexte des horribles scènes du 10 fructidor et jours suivans.

L'arrestation de Pinchinat et celle de Lefranc avaient été décidées; mais quel moyen la Commission pouvait-elle donner à ses délégués de faire exécuter ses ordres? sur-tout quand l'opinion générale l'accusait de projets hostiles contre cette partie, quand l'envoi de Rey et de Desfourneaux ne semblait que trop justifier les défiances des hommes de couleur, quand le commissaire Leblanc protégeait ouvertement, dans les journaux, les écrits incendiaires de Perroud, quand les propos les plus atroces se tenaient publiquement jusques dans le salon du commissaire Sonthonax. Un fait vrai, et dont Sonthonax et la citoyenne Villevaley sont convenus avec moi, c'est que, dans l'appartement même de ce commissaire, il avait été dit, en termes exprès, qu'il *fallait déporter tous les hommes de couleur, depuis l'âge de dix ans et au-dessus.* Un autre fait qui m'a été confirmé par les mêmes personnes, c'est que, dans le même appartement, le commissaire absent, le général Rochambeau dit : *Je ne reconnais plus Sonthonax ; il a perdu son énergie ; il n'a qu'à me donner un ordre et je le débarrasse des hommes de couleur.* Ces propos, et beaucoup d'autres de cette nature, se répétaient dans la ville ; étaient écrits aux *Cayes*, peut-être d'une manière exagérée ; dans cet état de choses, ordonner l'arrestation de deux hommes aussi marquans que *Lefranc* et *Pinchinat*, n'était-ce pas compromettre l'autorité nationale ? N'était-ce pas ordonner la guerre civile ? Loin de nous l'affreuse idée de vouloir justifier les crimes du 10 Fructidor et les horribles journées qui le suivirent. Personne n'a, plus que moi, d'horreur pour la révolte, le massacre et l'assassinat ; mais ceux qui, bien avertis de la situation politique et morale de ce pays, provoquèrent, par leur témérité et l'extravagance de leur politique, ces événemens désastreux, sont-ils entièrement innocens de tout le sang qui a été versé ?

Quoi donc ! me direz-vous, n'avez-vous pas signé vous-même les actes que vous accusez ? Avez-vous du moins protesté contre eux ? Oui, citoyen Ministre, je les ai signés, parce que l'absence de ma signature ne pouvait en arrêter l'exécution. Je n'ai point protesté, parce qu'une protestation de ma part n'aurait pu qu'aggraver les maux que je prévoyais. Daignez vous rappeller ma position, telle que je vous l'ai dépeinte. Sonthonax et Leblanc s'étaient ligués pour dominer la Commission et opprimer la Colonie. Ils étaient parvenus, en terrifiant mon collégue Giraud, en m'environnant des plus odieux soupçons, à nous isoler l'un et l'autre, et à nous réduire, dans le conseil, à la plus parfaite nullité. Nous y étions comptés pour rien. Sonthonax tenait, dans sa main, toute la force armée, par le moyen de Laveaux, qui lui était entièrement dévoué. Les chefs noirs, par lesquels seuls j'aurais pu balancer son influence, il avait su les écarter de ma maison. Ces hommes, qu'il avait remplis de préventions contre mon caractère ; ces hommes, qui ne m'ont aimé et estimé, que depuis qu'une longue expérience leur a appris à me connaître, m'ont avoué depuis que c'était sur-tout contre moi que les plus atroces calomnies étaient dirigées, et que pour rien au monde, ils ne m'auraient approché, durant les premiers mois de ma mission.

J'étais entièrement convaincu de l'effet des machinations de mes persécuteurs. J'étais entièrement convaincu que ma mort serait la suite infaillible de ma résistance. Que pouvais-je faire? Le sacrifice de ma vie ? Ah ! sans doute, je l'aurais immolée, avec joie, à mes devoirs, à mon honneur, au bien de mon pays. Mais quel en aurait été le résultat? L'affaire de Villatte avait placé les hommes de couleur en butte à la haine publique, dans le *Nord* ; elle les avait mis en fureur dans le *Sud* ; je suis homme de couleur, et membre de la Commission. Qu'aurait produit un attentat commis sur ma personne ? Je frémis d'y penser... La guerre civile aurait été le moindre des fléaux qui l'aurait suivie, et je n'ai que trop lieu de croire que Sonthonax aurait vu, avec joie, s'en rallumer les torches. Devais-je sacrifier la Colonie à ma gloire, ou faire moi-même au bien de la Colonie le sacrifice le plus douloureux, celui de mes opinions, de mon amour propre, de mon existence politique ?

A ce motif s'en joignit un autre, dont vous sentirez toute la force. Depuis quinze ans je combats pour la cause de la liberté, et pour la conquête de nos droits politiques. Depuis quinze ans, l'affranchissement d'une vaste branche de la famille humaine et l'anéantissement de l'odieux préjugé qui condamnait à l'avilissement une caste nombreuse, à qui il ne manquait, pour s'élever à la hauteur des destinées républicaines, que de n'avoir

pas

pas à rougir du bienfait de la vie, et de pouvoir pratiquer, sans mépris, les devoirs de l'homme et du citoyen, était l'objet de mes désirs, le but de mon ambition, le terme de mes espérances ; c'était la tâche que je m'étais imposée, depuis que j'avais commencé à penser ; c'était la mission que je me flattais, dans mon cœur, d'avoir reçue de la providence ; je sentais que dans les circonstances où se trouvait la Colonie, le succès de ce grand ouvrage tenait au retour de l'ordre, et que celui-ci dépendait du rétablissement des cultures. Car, quel autre moyen d'anéantir le brigandage et de ramener à une vie régulière des hommes abrutis par un long esclavage, et encore démoralisés, par l'habitude d'une vie errante et vagabonde, et par les excès de tout genre, qui, à Saint-Domingue, encore plus qu'en Europe, ont ensanglanté la révolution ; j'avais fait de vains efforts pour fixer, sur ce point important, l'attention du conseil. Une triste expérience ne m'avait que trop démontré que cet objet était regardé, par Sonthonax, non-seulement comme inutile, mais encore comme dangereux. Mes représentations, à cet égard, avaient toujours été rejetées avec dédain ; il s'attacha même à prévenir, contre mes idées de restauration, le général Toussaint Louverture ; il lui répétait fréquemment que *rétablir les cultures ce serait diminuer son pouvoir, en affaiblissant son armée, et rappeler les blancs dans la Colonie ;* ce qu'il regardait et voulait lui faire regarder, comme le plus terrible de tous les malheurs.

Il m'était donc impossible de ne pas voir que le succès du grand ouvrage que j'avais entrepris pour la cause de l'humanité, que la conservation même de la Colonie, étaient en quelque sorte, attachées à ma propre conservation. Dans l'impossibilité de faire le bien, en soutenant la rigueur des principes, contre la violence de la tyrannie, sûr de tout perdre par une impuissante inflexibilité, n'ayant plus que le choix des maux, n'ai-je pas dû préférer le moindre? N'ai-je pas dû préférer celui qui ne pouvait perdre que moi, et qui seul pouvait être utile à la République? N'ai-je pas dû, pour un aussi grand intérêt, faire taire le sentiment même de ma dignité personnelle, abandonner jusqu'au soin de ma propre réputation? N'ai-je pas dû sauver la patrie, par ma patience, puisqu'il ne me restait aucun moyen de la sauver par mon courage?

Citoyen Ministre, fort de ma conscience, j'ai mieux aimé courber la tête que de renverser l'édifice; j'ai mieux aimé paraître chargé d'une partie des souillures du tyran, que d'affermir sa tyrannie, en lui laissant remporter sur la loi, un triomphe facile, et de lui fournir ainsi le prétexte d'entraîner dans des démarches funestes à la France, des hommes bons et simples; mais qu'un membre du gouvernement, soutenu du talisman de son nom, de son caractère, de tous les moyens de corruption et d'une popularité immense, avait tant de moyens d'égarer; voilà la clef de toute ma conduite. Je la présente, avec confiance, à votre justice; je la soumets à la loi, et si, par impossible, je pouvais en être victime, je m'en glorifierais encore, et je dirais : j'ai failli, mais c'est pour prévenir l'effusion du sang, mais c'est pour le salut de Saint-Domingue.

Je dois vous rapporter un trait qui vous fera connaître l'esprit dominateur de Sonthonax. Les délégués Kerversau et Leborgne ne s'étant pas trouvés parfaitement d'accord sur les événemens du Sud, firent chacun, à la Commission, un rapport particulier. Leborgne, la créature et l'agent de Sonthonax, parla le premier. Son discours fut écouté, sans observations; Kerversau, au contraire, qui n'avait été, dans sa mission, que l'homme de la chose publique, fut interrompu avec humeur; on lui reprocha de n'avoir pas pris, avec assez de force, la défense du gouvernement, et d'atténuer ainsi les crimes de Rigaud. Il répondit, que chargé de présenter à la Commission qui l'avait délégué, un rapport sur les événemens dont il avait été le témoin, il avait dû exposer les faits, avec exactitude, sans prévention et sans partialité. La lecture achevée, il s'éleva, entre Sonthonax et Kerversau, une sorte de discussion. Enfin, ce dernier fut obligé de supprimer de son rapport ce qui déplut à Sonthonax. Leborgne fut comblé des faveurs de son protecteur; je n'ai pu obtenir, qu'il y a très-peu de temps, une mission pour Kerversau, dans la partie Espagnole; encore ne l'a-t-il due, qu'à l'impossibilité où l'on se trouvait d'y envoyer alors un autre officier général; je reprends le fil des événemens.

Après l'affreuse catastrophe du Sud, pendant que les délégués Leborgne et Kerversau y étaient détenus par la violence, peu de jours après que Desfourneaux et Rey, échappés à la fureur de leurs ennemis, se furent rendus au Cap, Rigaud envoya à la Commission une députation de trois citoyens des trois couleurs. L'indignation qu'avait allumée la nouvelle des événemens des Cayes était générale; l'exaspération était au comble. Leblanc et Sonthonax travaillaient de concert à l'augmenter encore; ils ne parlaient que de faire égorger les rouges par les noirs; on excitait ceux-ci à ne faire aucun quartier aux hommes de couleur. Pierre-Michel déclare que plusieurs fois on lui en fit la proposition. Parmi les victimes de cette malheureuse affaire, on distinguait un jeune noir, nommé Édouard, d'une taille avantageuse, d'une figure intéressante et plus recommandable encore, par son excellent jugement, une raison ornée, et son caractère doux et humain. Sonthonax semblait prendre plaisir à présenter, sans cesse à l'imagination des autres noirs, ses lambeaux ensanglantés, pour irriter leur haine contre tous les hommes de couleur de la Colonie, et dans le moment de la plus extrême fermentation,

Leblanc, alors président, donna pour mot d'ordre à l'armée, ÉDOUARD.

Telle était la disposition des esprits lorsque les députés du Sud arrivèrent au Cap. Leblanc proposa contr'eux les mesures les plus violentes, les plus impolitiques, et qui auraient exposés les délégués de la Commission et tous les blancs qui étaient dans la partie du Sud, aux plus terribles représailles. Je le représentai, avec force, au conseil; et cette fois, du moins, j'eus le plaisir de voir mes observations accueillies.

Cependant tout annonçait au Nord un orage prochain, et plus terrible, peut-être encore, que celui qui venait d'éclater dans le Sud. Des rassemblemens armés se formaient dans les montagnes, le brigandage s'organisait; c'en était fait peut-être de la Colonie, si les intrigues ourdies pour l'élection des premiers députés n'avaient détourné, sur d'autres objets, l'attention des machinateurs.

Chacun des principaux acteurs voulait diriger, selon ses vues, l'assemblée électorale. Leblanc, dont la fougueuse ambition tendait à se faire un parti parmi les chefs noirs, pour dominer ses collègues et même les chasser, était offusqué de la popularité de Laveaux et de Sonthonax; il venait de rompre avec ce dernier; ils n'avaient pu s'accorder que sur le projet d'armer les noirs contre les rouges, parce que cette mesure servait également leurs projets particuliers. Leblanc, qui avait proposé plusieurs fois d'embarquer Laveaux et Perroud, voulait faire nommer Laveaux député, pour s'en débarrasser. Sonthonax, qui avait été forcé de laisser embarquer Rochambeau, qui, à cette époque, voyait s'élever contre lui, Leblanc et Giraud, et s'entendait sans cesse accuser par eux au conseil, d'être l'auteur de tous les mouvemens des noirs, était dégoûté et voulait se faire nommer lui-même. Laveaux, qui avait vu Rochambeau embarqué, et qui avait contre lui Giraud et Leblanc, voulait aussi être nommé; mais comme il était alors universellement détesté, de concert avec Sonthonax, il eut recours à Pierre-Michel.

L'assemblée électorale s'était réunie au Cap. Ce général avait été envoyé contre les brigands de la Grande-Rivière; il venait de remporter sur eux des avantages, qui ne demandaient qu'à être poussés, avec vigueur, pour être décisifs. Au milieu de ses succès, il écrit à la Commission qu'il est nécessaire de retarder les élections, si elle veut qu'il continue la campagne, parce qu'il était indispensable qu'il y fût présent. La Commission indignée le rappelle à ses devoirs, et lui remontre ses torts; mais à peine la lettre est-elle reçue, qu'il lève son camp pour exécuter son premier projet. L'armée était déjà sous les murs du gouvernement, que la Commission ignorait sa désobéissance. Le conseil était assemblé; tous les yeux se fixent sur Sonthonax, pour lui demander, à lui chargé de la guerre, par quel ordre le général Pierre-Michel a quitté son poste. Sonthonax, immobile et froid, sur son fauteuil, répond sans s'émouvoir, *que cela ne l'étonne point, que c'est ainsi que les généraux noirs se conduisent.* Une discussion très-vive s'élève entre Leblanc et lui. Le premier menace même de lui brûler la cervelle. Cette scène violente finit, par la proposition que fit Sonthonax de déclarer que le général Pierre-Michel et son armée avaient bien mérité de la République, et par l'offre d'aller lire lui-même cet arrêté à l'armée, pour prévenir les suites fâcheuses qu'on paraissait craindre. Je rougis d'être obligé d'avouer que cet honteux arrêté fut adopté. Vous y verrez, citoyen Ministre, une nouvelle preuve de la terreur et du despotisme exercé sur la Commission.

Pierre-Michel demeura donc maître des élections. Sonthonax et Laveaux furent nommés. Tous deux acceptèrent; le premier à notre grand étonnement. Avant les élections, il avait dit plusieurs fois qu'il verrait, avec plaisir, sa nomination, comme un gage de la confiance publique, qui fermerait la bouche à ses ennemis; mais l'élection faite, il annonça au conseil son acceptation formelle. J'en fus surpris; Giraud en fut consterné; Leblanc jouait la frayeur. *Si Sonthonax partait; il voulait partir avec lui, parce qu'à son départ, il ne manquerait pas de donner l'ordre de nous égorger tous.* A l'issue du conseil, chacun de nous invita Sonthonax à demeurer à son poste; il demanda jusqu'au lendemain pour se déterminer.

Notre collégue Giraud, qui savait que je n'avais jamais eu d'altercation avec Sonthonax, m'invita à lui parler en particulier, pour l'engager à rester. Toutes ces démarches étaient inutiles, selon Leblanc, parce que, disait-il, Sonthonax ne faisait semblant de partir que pour se faire prier. Sur les huit heures du soir, il vint chez moi pour me dire en confidence: *Mon ami, laissez partir Sonthonax, nous resterons nous deux ici, nous ferons nos affaires, et tout ira bien.*

Tel fut le résultat d'une harangue de près d'une demi-heure, à laquelle je ne répondis que peu de chose. Je n'en continuai pas moins mes instances auprès de Sonthonax, et le lendemain mes collégues me demandant si j'avais réussi; sur ma réponse négative, Leblanc persista à répéter que tous ces refus n'étaient que des simagrées; mais Sonthonax étant entré au conseil, et Leblanc le voyant ébranlé des observations de Giraud et des miennes, se pancha de mon côté et me dit: *Est-ce que vous ne vous souvenez pas de ce dont nous sommes convenus hier? Je ne suis convenu de rien;* lui répondis-je, et je continuai à presser Sonthonax.

Enfin, après trois jours de prières et d'exhortations, je parvins à le déterminer à ajourner son retour en Europe, en lui promettant de ne jamais me lier avec Leblanc contre lui, et de lui demeurer toujours invinciblement uni.

Après tout ce que j'ai dit de la conduite et du caractère de Sonthonax, vous serez surpris, sans doute, de tant d'instances pour retenir, dans le sein de la Colonie, le plus dangereux de ses ennemis ; vous le serez plus encore de cette espèce de confédération entre cet homme et moi. Mais, citoyen Ministre, je dois vous l'avouer, j'étais encore loin, même à cette époque, d'avoir approfondi ses vues perfides ; j'avais beau être, chaque jour, le témoin et la victime de sa politique tortueuse, de son arrogance insolente, de son esprit de domination, j'attribuais ses fautes aux suggestions de ceux qmi l'entouraient ; sa fausseté me semblait faiblesse, son orgueil, la noble fierté d'un homme fort de sa conscience, son ambition même ne me paraissait qu'un amour exalté du bien public ; je ne pouvais voir en lui que le bienfaiteur du genre humain ; je me reprochais, comme un crime, les idées involontaires que me faisaient naître, malgré moi, ses relations avec une tourbe d'êtres corrompus, ses sourdes manœuvres, les maximes machiavéliques qui échappaient journellement de sa bouche ; je ne pouvais soupçonner de projets de meurtre et de trahison, celui qui avait fait à une nombreuse portion de la famille humaine le magnifique présent de la liberté, et qui s'était dévoué, pour sa défense, aux poignards des assassins, et aux poignards plus redoutables encore de la calomnie ; je me flattais qu'après le départ de Laveaux, il serait plus facile de l'éclairer sur les erreurs que je lui supposais, de le rappeler à des principes de justice, et de ramener, par sa grande popularité, les noirs que l'on avait insurgés ; je n'avais encore, sur son civisme, que des doutes, au lieu que j'avais des preuves acquises contre le citoyen Leblanc, dont l'esprit agitateur, les délations éternelles et l'espionnage avaient tout perdu, en allumant la discorde dans le sein de la Commission, et que je savais d'ailleurs avoir compromis les intérêts de la République dans le marché conclu avec la maison Livingston. Mon collègue Giraud peut rendre témoignage que je l'avertis, dans le temps, de cette malversation.

Tous les événemens que je viens de rapporter, et qui paraissaient devoir en amener d'autres plus scandaleux, et sur-tout plus tragiques, avaient profondément affecté l'ame vertueuse et sensible de mon collègue Giraud. Le spectacle de tant de crimes l'avait jeté dans une sorte de stupeur. Toujours agité, toujours dévoré d'inquiétudes, il n'entrevoyait plus qu'incendies, assassinats, extinction de la race européenne. Une maladie grave fut la suite de cet état d'angoisse; et lorsqu'à toutes les perfidies dont il avait été témoin, lorsqu'à tous les scandales qui affligeaient, chaque jour, le cœur de tous les citoyens honnêtes, il vit se succéder rapidement les massacres du Sud, les massacres du Port-de-Paix, les massacres de la Grande-Rivière, et, à ses côtés, les instigateurs de tant de crimes, sa tête se troubla, et il voulut partir.

Leblanc et Sonthonax, restés seuls avec moi, me témoignèrent alors plus d'égards. Ma voix compta au conseil. Ces deux ambitieux divisés enfin, après s'être mutuellement trompés, cherchaient chacun à se faire un auxiliaire contre son rival. Tous deux se disputaient près de moi de prévenances et d'égards.

Leblanc avait formé le projet de détruire la popularité de Sonthonax, et, quand il en serait temps, de le supplanter. Pour y réussir, il s'attacha à caresser tous les chefs noirs des environs du Cap, à flatter leur ambition, à exciter leur cupidité. C'était à eux, disait-il, que le pays appartenait; eux seuls devaient y commander; il prêchait ouvertement la loi agraire, et la faisait prêcher par ses espions et ses missionnaires; plus d'une fois même, il eut la témérité de la proposer au conseil. Le jeune Barras, dont le cœur était honnête, mais dont il avait enflammé l'imagination, l'imagination, s'avisa un jour, chez moi, d'étaler cette doctrine, avec tant de chaleur, que je fus contraint de lui imposer silence, en lui observant que mes domestiques, qui l'entendaient, pourrait faire usage de ses principes contre lui-même.

Après avoir essayé d'agiter la Colonie, par ses maximes incendiaires, il tenta de diffamer ses collègues par les plus odieuses imputations, et n'oublia rien pour attirer à son parti le général Toussaint; mais celui-ci, inébranlable dans ses devoirs et dans son attachement à la France, résista à ses avances et à ses cajoleries, et voyant les intérêts de la République compromis, écrivit, avec force, à la Commission. On en fut choqué, et Leblanc se déchaîna, avec fureur, contre lui. Enfin il fallut en venir à une explication; le général se rendit au Cap, eut de longues conférences avec Leblanc et avec Sonthonax. Tout parut s'arranger, du moins me l'assura-t-on au conseil; car, c'était le seul endroit où je visse mes collègues, ma demeure étant dans une maison particulière, éloignée du gouvernement. Le général vint me voir; je le fis asseoir à mes côtés, et lui prenant la main, que je serrai amicalement : *Vous voyez, général, lui dis-je, qu'il ne faut que venir auprès de la Commission pour s'entendre; croyez qu'elle vous aime, et qu'elle n'a d'autre désir que celui de faire le bien de la Colonie. --- Vous parlez au pluriel*, me répondit froidement le général. Cette réponse, d'une finesse peu commune, et qui disait pour moi tant de choses, m'étonna, et me rassura en même-temps, sur les craintes que j'avais que Leblanc ne parvînt à surprendre sa bonne foi. Je soupçonnais alors si peu les intentions perfides de mon autre collègue, que je pensais que le mot du général, que je viens de rapporter, ne s'appliquait qu'à Leblanc, et que je m'empressai de le répéter à Sonthonax. Ces deux commissaires ne vivaient plus que politiquement ensemble;

j'étais devenu leur confident commun ; c'était à moi qu'ils portaient leurs accusations réciproques. Ce fut cette circonstance que je saisis, pour présenter mon projet de fermes, que ni l'un ni l'autre n'eussent jamais laissé passer, s'ils avaient été d'accord ; car Leblanc voulait si peu le rétablissement des cultures, qu'il s'opposait même à ce que les cultivateurs fussent payés de ce que leur devait l'administration, pour le quart des revenus, qu'ils avaient versés dans les magasins. Pour Sonthonax, il ne parlait que d'augmenter l'armée, ce qu'il ne pouvait faire qu'en enrôlant des cultivateurs, et disait hautement au conseil qu'il ne fallait s'occuper de culture, qu'après avoir chassé les ennemis. *Mais, sans culture, lui répondais-je, comment ferons-nous des revenus? Et sans revenus, comment solder les troupes? Comment les nourrir et les habiller?*

Enfin, l'arrêté que j'avais proposé pour le fermage des habitations passa au conseil, et je ne négligeai rien, pour fixer toutes les idées vers ce but salutaire. Je pris moi-même un intérêt dans les fermes, pour inspirer de la confiance, et bannir des alarmes qui auraient fait manquer l'opération. Je ne répéterai point ici, ce que je vous ai dit, à cet égard, dans mes diverses lettres. Je rappellerai seulement que je chargeai Giraud, à son départ, de déclarer, de ma part, au gouvernement, *que je ne prétendais rien au bénéfice éventuel de ces placemens de fonds.*

Leblanc, toujours en querelle avec Sonthonax, proposa d'affermer l'habitation *Choiseuil à Caracole*, au citoyen Devis, américain, et associé de la maison Livingston, avec laquelle la Commission avait passé un marché désavantageux à la République ; marché dans lequel Leblanc avait un intérêt considérable. Cette habitation, intacte dans ses bâtimens, comme dans ses plantations, avait produit, l'an quatrième, 190,000 milliers de sucre ; elle annonçait de plus grands revenus pour l'année suivante, et Leblanc voulait l'affermer pour la modique somme de 33,000 livres. La chaleur et l'astuce qu'il mit à nous forcer la main pour la conclusion de ce marché, achevèrent de me persuader que Leblanc voulait favoriser son associé, aux dépens de la Colonie. D'après cette idée, je me concertai, avec Sonthonax, non-seulement pour ne pas approuver le bail proposé, mais encore pour nous faire donner tous les renseignemens sur le marché de Livingston, dont Leblanc seul suivait les conditions, comme particulièrement chargé de l'administration. Cette levée de bouclier étonna Leblanc; il mit en œuvre toute sa tactique, pour éluder la représentation des pièces que nous demandions; mais comme nous formions la majorité, nous nous fîmes apporter les registres de la comptabilité et toutes les pièces relatives à la maison de Livingston. Là, les plus grossières friponneries furent dévoilées à nos yeux; des registres intercalés, des pièces fausses, des signatures supposées, enfin les plus grandes preuves de malversation. Leblanc confondu, sortit du conseil, et nous écrivit pour nous demander un entretien particulier, avant la séance du lendemain. Je me rendis chez Sonthonax, qui ne voulait pas aller chez Leblanc, *parce que*, disait-il, *cet homme pouvait avoir de mauvais desseins.* Quoique je ne partageasse pas ses craintes, nous fîmes dire à notre collègue que nous l'attendions dans le cabinet de Sonthonax; il y vint. Nous ne fûmes pas plutôt assis, que Leblanc prit la parole, et nous dit : *Mes amis ne me perdez pas, je ferai tout ce que vous voudrez;* il pleura. Je lui répondis que notre intention n'était pas de le perdre, mais bien de faire cesser toutes les friponneries au détriment de la République. Le marché de Livingston fut résilié, et nous promîmes de laisser, sous le voile, toutes ces turpitudes; personne n'était plus intéressé que moi à ne point les mettre en lumière. La moindre indiscrétion aurait pu faire perdre toute confiance, et replonger la Colonie dans les malheurs d'où elle commençait à sortir.

Mes deux collégues n'en continuèrent pas moins à se déchirer réciproquement, dans les confidences journalières qu'ils me faisaient. Chacun d'eux cherchait à me rendre l'autre odieux. Sonthonax, plus adroit et moins emporté que Leblanc, en trouva bientôt l'occasion.

La Commission avait à prononcer sur l'affaire du Sud. La première opinion que manifesta Leblanc, fut qu'il fallait mettre ce département *hors la loi ;* et Sonthonax ne paraissait pas éloigné d'adopter les mesures les plus rigoureuses. Tous deux ne voulaient voir de coupables, dans cette affaire, que les hommes de couleur, et les en accusaient tous indistinctement. Je ne crus point devoir laisser percer mon opinion, à cet égard, jusqu'à ce qu'il en fût question au conseil. J'avais cependant dit à des amis intimes, à Giroud et à Kerversau, ce que je croyais le plus politique et le plus juste dans la circonstance.

Giroud, beau-frère de Martial Besse, avait été en correspondance, avec lui, pendant sa mission aux Cayes. Ce général lui avait écrit, ainsi qu'à la Commission, qu'il croyait qu'une amnistie aurait tout pacifié. Giroud fait cette ouverture à Leblanc : celui-ci s'emporte et combat cette proposition avec fureur ; tout à coup, comme illuminé d'une inspiration soudaine, il s'arrête ; porte la main à son front ; et lui dit : *Ce que vous venez de me dire est un trait de lumière ; demain je propose l'amnistie au conseil, et si on la refuse, je proteste contre tout autre arrêté. Au reste*, continua-t-il, *quelle est l'opinion de Raimond?* Giroud lui répondit qu'il ne la connaissait pas.

A peine a-t-il fait cette fausse confidence, qu'il court dans le cabinet de Sonthonax avec l'empressement d'un homme qui vient de faire une grande découverte, et lui dit : *Je tiens Raimond, et je vais le démasquer. Demain je propose l'amnistie générale pour le Sud ; il ne manquera pas de saisir cette idée : alors, il est connu et jugé pour le complice des hommes de couleur de cette partie.*

Sonthonax, qui craignait que je ne lui échappasse, et qui d'ailleurs ne comptait pas assez sur la véracité de Leblanc, pour n'avoir pas à redouter d'en être trompé lui-même, vint me trouver le soir, et m'apprit ce qui venait de se passer entre son collègue et lui.

Je lui répétai ce que j'avais dit à Giroud : *Mon opinion est que nous n'avons pas le droit d'accorder l'amnistie; mais je voudrais aussi qu'on n'accusât pas une classe entière, lorsque les rapports qui ont été faits, prouvent que dans toutes les classes il y a eu des victimes et des inculpés; je désirerais qu'on étendît, sur la masse, le manteau de l'indulgence; et, de plus, je pense qu'il est de la dignité de la Commission de renvoyer le jugement définitif, de cette affaire, au Corps législatif et au Directoire.*

Tu me décides, me dit Sonthonax, *et c'est sur ces bases que je vais faire ma proclamation.*

Réunis au conseil, Leblanc voulut mettre l'affaire du Sud à la discussion; Sonthonax proposa l'ajournement au lendemain; Leblanc parut y consentir. Une heure après, il revint sur ses pas, parla longuement, sans laisser percer aucune opinion; *enfin*, dit-il, *puisque nous y sommes, pourquoi ne pas couler cette affaire à fonds?* Il continua, et finit par conclure à une amnistie. Sonthonax, alors président, me demanda mon avis: *Avant de l'énoncer*, lui dis-je, *j'ai besoin d'un éclaircissement avec mes collègues; en conséquence, je demande, demain, la parole à l'ouverture de la séance.*

Le cœur navré de tant de perfidie, je m'étais ouvert à mes amis, Pascal, Kerversau et Giroud; tous trois pensèrent que Sonthonax avait inventé cette calomnie pour m'éloigner de

Leblanc, qu'ils avaient regardé jusqu'alors comme un homme vertueux, tant il s'était habilement masqué. *Pour moi*, leur dis-je, *qui connais la duplicité de Leblanc, et qui sais qu'il doit m'en vouloir, pour avoir dévoilé ses friponneries, je crois qu'il a tenu les propos que Sonthonax lui impute; mais au reste, demain, je saurai le faire parler.*

En effet, le lendemain j'interpellai mes deux collégues de s'expliquer sur le rapport confidentiel que Sonthonax m'avait fait la veille; j'avais écrit ce que j'avais à dire; car j'étais tellement affecté, mes idées étaient si troublées, que je n'aurais pu m'exprimer d'abondance; je parcourus rapidement ce qui s'était passé depuis le commencement de ma mission, les piéges qu'on m'avait tendus, les persécutions que j'avais souffertes, et la nouvelle trame qu'on venait d'ourdir contre moi; je n'oubliai pas le fameux paquet aux cinq cachets, la perfidie et l'absurdité de cette dénonciation, ainsi que l'imputation indirecte qu'on m'avait faite de vouloir faire égorger les blancs. *Un de vous deux s'obstine à me perdre*, leur dis-je, *Sonthonax m'a fait hier telle révélation; expliquez-vous, et que je connaisse enfin mon accusateur.*

A peine eus-je fini de parler, que Sonthonax confirma ce qu'il m'avait dit la surveille. Leblanc ne le nia pas; mais il prétendit qu'il avait pu user de ce stratagême, pour connaître l'opinion d'un de ses collégues; je lui observai qu'il avait d'autant plus de torts, que je lui avait communiqué tout ce que j'avais écrit au Sud, et toutes les réponses que j'en avais reçues; qu'au reste, ma lettre imprimée aux citoyens de ce département, était une pièce authentique qui ne devait laisser aucun doute sur mes principes et mon opinion, relativement aux événemens qui venaient d'avoir lieu dans cette partie.

Dès cet instant, toute communication intime, avec Leblanc,

cessa. En vain me demanda-t-il une explication, par plusieurs lettres ; je les refusai toutes ; elles devenaient superflues, d'après les faits que je viens de raconter. Peu de temps après, il tomba malade, et s'embarqua à bord de la frégate la Semillante, mouillée au Port-Français, distant d'une lieue du Cap. Sonthonax, craignant qu'il ne pût occasionner, de là, quelques mouvemens, par le soin qu'il avait eu de capter les chefs noirs des environs du Cap, proposa, au conseil, de prendre un arrêté qui ordonnât à la frégate d'appareiller sur le champ, sans quoi, on l'y contraindrait à coups de canon ; je m'y opposai, et le lendemain la frégate mit à la voile pour France.

JE vous ai peint, citoyen Ministre, les maux qui résultèrent pour la Colonie, de la coalition de Sonthonax avec Leblanc, les scènes scandaleuses qui amenèrent et suivirent leur désunion ; il me reste à vous montrer Sonthonax, levant enfin le masque, et marchant, à grand pas, au terme de son ambition, la scission de Saint-Domingue avec la République, et la déclaration de l'indépendance de cette Colonie, ou plutôt de son asservissement à sa domination.

Resté seul, avec mon collègue, je lui répétais, chaque jour, combien il serait glorieux, pour nous, d'être les restaurateurs de cette possession si précieuse pour la France, et d'y opérer tout le bien que nous avions promis au gouvernement, et qu'il avait droit d'attendre de nos efforts ; je n'omis rien pour l'électriser, par les grands motifs de l'amour de la gloire et de l'amour de la patrie ; il répondait à mes exhortations, avec l'expression de la franchise et du sentiment. Pendant plus d'un mois, sa conduite me donna les plus flatteuses espérances ; je lui faisais intérieurement amende honorable des soupçons qu'il m'avait inspirés ; mon attachement pour lui approchait de la vénération ; mais tout-à-coup la scène changea.

Sonthonax, dès son départ de France, avait affecté de s'entourer d'une foule d'hommes perdus de crimes et flétris dans l'opinion publique. L'horreur qu'inspirait un pareil cortége, écartait de chez lui les gens de bien, honteux d'être obligés de se mêler à cette foule impure. Quelques-uns étaient morts; d'autres avaient reçu des missions; la plupart déshonoraient les places les plus importantes; mais il recrutait sans cesse cette troupe de courtisans et de satellites, dans tout ce que la Colonie renfermait d'hommes flétris par le scandale de leurs mœurs ou l'opprobre de leur conduite. Renaudin et Arnaud Pretty avaient été remplacés par Leborgne, Vergniaud, Gignoux, Théveneau, et une infinité d'autres sujets de la même trempe; eux seuls avaient droit aux bienfaits, ou plutôt aux prodigalités du gouvernement. Quoique chargé de l'administration, depuis le départ de Leblanc, je n'avais aucune part au maniement des deniers publics; mon collègue s'en était presque exclusivement réservé la disposition. D'après l'assertion du citoyen Pons, payeur général, près de *mille portugaises*, par mois, étaient dépensées en gratifications, ou plutôt pour la solde de ses *satellites*. Les principaux avaient été revêtus des emplois les plus honorables et les plus lucratifs.

Leborgne, dont Sonthonax connaissait la profonde immoralité, pour lequel il avait témoigné le plus grand mépris, qu'il avait voulu faire débarquer à Rochefort, pour avoir désobéi aux ordres de la Commission, en faisant embarquer une femme perdue; Leborgne, dont il me dit à cette époque : *Tu ne connais pas ce scélérat comme moi; il est capable de faire, à Saint-Domingue, une insurrection contre la Commission, et d'organiser le pillage;* Leborgne, connu à Paris, à Tabago, à Sainte-Lucie, à la Martinique et au Cap, par ses *escroqueries;* Leborgne, qui revenait des Cayes chargé du mépris et de l'exécration l'exécration générale ; qui avait exaspéré Rigaud, en lui enlevant une jeune fille qu'il était sur le point d'épouser ; révolté tous les citoyens par ses hauteurs, indigné les gens de bien par sa conduite, et dont le conseil avait, sous les yeux, douze actions sur un corsaire, tandis qu'il était juge des prises ; actions données par un négociant avec lequel la délégation faisait tous les marchés pour la République ; actions qui portaient le reçu de ce négociant, tandis que Leborgne avouait n'avoir rien payé ; Leborgne enfin, bien connu du Ministre, et qui n'avait été envoyé aux Antilles que pour piller et incendier la Jamaïque, seule mission qui pût lui être confiée, avait été mis à la tête de la comptabilité, avec le titre inconnu, en France, d'*Agent central*, d'immenses appointemens, une maison magnifiquement meublée, une table splendidement servie. Aux observations que je m'étais permises, Sonthonax avait répondu : *Je conviens de tout cela ; mais il n'aura le maniement d'aucune caisse*. . . . .

Gignoux, tout dégoûtant encore du sang dont il s'était couvert, après la fatale journée du 20 Juin ; Gignoux, exécré de toutes les couleurs, pour les atrocités qu'il avait commises alternativement sur les blancs, les noirs, et les rouges ; Gignoux est fait, tout-à-coup, chef de bataillon, au sortir des prisons du Port-de-Paix, où le détenait, depuis trois ans, le général Laveaux.

Mentor, jeune noir de la Martinique, d'une vanité que rien ne peut égaler que son ambition démesurée, hautain par caractère, fougueux par tempérament, dénoncé au conseil, par Sonthonax lui-même, dont il était aide de camp, pour les propos incendiaires tenus, par lui, dans son antichambre, Mentor qui avait dit aux noirs : *Qu'avez-vous besoin de la France ? Vous pouvez vous passer d'elle. Si vous saviez, du reste, de quel œil, nous noirs, nous y sommes regardés, aucun de vous ne serait tenté d'y aller.* Mentor, dont Sonthonax avait feint de demander la déportation, et qui n'avait prévenu l'arrêté, que l'on rédigeait déjà, qu'en affectant des craintes, sur l'inquiétude que son embarquement pourrait occasionner aux autres noirs, et en se chargeant, lui-même, de l'écarter, en l'attachant, comme aide de camp, à quelqu'un qui irait dans le Sud, est élevé à un grade supérieur.

Vergniaud, président du tribunal, homme faux, méchant, artificieux, et si peu digne du nom qu'il porte; Vergniaud, bien connu de Sonthonax, dont il ne parlait jamais qu'avec horreur, contre lequel il avait composé un libelle diffamatoire, qu'il allait colportant, dans toutes les maisons du Cap, pendant et après l'assemblée électorale de Fructidor, an 4; Vergniaud était devenu tout-à-coup le panégyriste et l'ami de ce commissaire.

On avait appelé des Gonaïves, Théveneau, jeune européen de 22 à 24 ans, esprit inquiet, remuant, ambitieux, enthousiaste, espèce de Séïde, plus digne de figurer dans un comité révolutionnaire, que de remplir les fonctions paisibles d'une magistrature civile; on le plaça, dans la suite, en qualité de commissaire du directoire exécutif, dans l'administration municipale de la ville du Cap, où ses premiers discours jetèrent l'alarme parmi les citoyens. *Il s'agit bien, disait-il, de droits d'entrée, de droits de péages; nous avons besoin d'argent pour subvenir aux frais de la guerre, aux dépenses de l'administration? N'avez-vous pas des riches, des propriétaires, des fermiers, des négocians, des boutiquiers? C'est dans leurs caisses que sont vos ressources; qu'on me charge de la collecte, et je saurai bien remplir le trésor.*

Tels étaient les chefs de l'infernale coalition que Sonthonax avait formée pour la ruine de la Colonie. C'est eux qui, dans les lieux publics, dans les maisons particulières, allaient répétant à tous les citoyens, que Sonthonax était le sauveur, le dieu tutélaire, l'unique espérance de la Colonie; que s'il voulait s rendre à son poste de législateur, que si le Directoire exécuti le rappelait en France, il fallait que tous les bons patriote fissent une sainte conjuration pour l'empêcher de partir; qu'il employassent la force même, si elle était nécessaire, pou retenir, dans la Colonie, le fondateur de la liberté. C'est eu qui répandaient quelquefois le bruit de son prochain départ afin d'avoir un prétexte de faire signer, par les administration municipales, les adresses qu'ils avaient fabriquées eux-mêmes et qu'il fallait bien souscrire, sous peine d'encourir l'indignatio de Sonthonax et de s'exposer à ses vengeances et aux exaction de ses agens.

Depuis le départ de Leblanc, ses émissaires dissimulaien moins le projet de perpétuer sa domination à Saint-Domingue ils ne cessaient d'insinuer cette idée sous mille formes différentes; ils tâtaient l'opinion, préparaient les esprits, et tâchaient de les familiariser, avec ses projets de domination, en faisant regarder la puissance de Sonthonax, comme le seul rempart de la liberté dans la Colonie. Pour parvenir à son but, il résolut d'employer deux moyens, 1° de détruire le plan de fermage des habitations; 2° de se rendre maître de l'assemblée électorale, qui allait tenir sa session, afin d'envoyer au Corps législatif les agens de sa *faction*, et non les représentans de la Colonie.

Leborgne fut le premier qui sonna le tocsin contre les fermiers; il avait pris lui-même, à ferme, l'habitation Macnemara; et, malgré l'arrêté de la Commission, qui portait qu'un quart de la ferme serait payé d'avance, et que les animaux et ustensiles appartenans à la République, seraient transportés sur les habitations réservées; Sonthonax, de sa pleine puissance et de sa seule autorité, le fit mettre en possession, sans qu'il payât le quart du revenu, et lui laissa la jouissance des mulets et ustensiles appartenans à la République. Malgré tous ces avantages, n'ayant pas satisfait à ses engagemens, et étant poursuivi par l'administration, le bail fut résilié ; mais Sonthonax lui fit laisser tout le sucre qui avait été fabriqué, sur cette habitation, durant tout le temps qu'il en avait joui.

Furieux de la perte de sa ferme, et encore plus de voir se réunir au tour de moi les meilleurs citoyens, et les cultivateurs, dont j'avais adouci le sort et rendu la condition plus heureuse, bénir le fruit de mes travaux, il ne cessait d'exaspérer Sonthonax, en alarmant son ambition et sa vanité : *Ne vois-tu pas*, lui disait-il, *que si tu ne prends garde à Raimond et à son projet de ferme, qui gagne tous les jours, il va t'enlever toute ta popularité?*

Dès-lors, toute la séquelle se met en campagne ; ce ne sont que quolibets sur les fermiers généraux ; que déchaînement contre les fermes. *Cette mesure*, disait-on, *serait infailliblement réprouvée par le Gouvernement français ; la République était toujours mineure, et, d'un coup de baguette, pouvait chasser tous ces fermiers, qui en seraient pour leurs peines et pour leurs avances ; Sonthonax saurait bien leur faire payer la contribution du quart du revenu, malgré l'arrêté de la Commission qui les en affranchissait ; il allait écrire en France pour faire résilier tous ces baux.*

Ces propos, et mille autres de cette nature, sans cesse répétés par Sonthonax et ses échos, jetaient l'épouvante et le découragement ; les cultivateurs, les gérans, les fermiers, m'exprimaient journellement leurs inquiétudes ; on n'osait plus pousser les enchères ; et ces misérables menaces ont fait perdre plus de deux millions à la République. Dans cette circonstance, je crus devoir demander, à mon collégue, une explication franche sur cet objet.

Quel fut mon étonnement d'entendre, dans sa bouche, les mêmes propos que tenaient ses agens et dont je venais me plaindre à lui-même ! J'eus beau lui représenter que la Commission était liée par ses arrêtés ; que, si elle y manquait elle-même, elle ébranlerait les bases de la confiance, en violant la foi publique, que si l'on ne faisait pas jouir les fermiers des avantages qu'on leur avait promis, toutes les brillantes espérances que donnaient les cultures allaient être anéanties ; j'eus beau lui répéter que je ne pouvais être suspect, comme fermier, puisque j'avais déclaré à Giraud, puisque j'avais écrit moi-même au Ministre que je ne prétendais aucun bénéfice sur les fermes ; toutes ces remontrances et les judicieuses observations qui lui furent faites par le citoyen Vincent, directeur du génie, et par d'autres bons citoyens, blanchirent contre son opiniâtreté. Il répondit, avec la plus insigne mauvaise foi, aux raisons les plus évidentes ; et colorant sa malveillance d'une apparence de zèle pour les intérêts de la République, il persista à exiger que les fermiers fussent tenus à payer la subvention du quart, quoiqu'il fût expressément stipulé, dans les chartes-bannies et dans les actes de ferme, qu'ils ne seraient point assujettis à ce droit onéreux.

Après quatre jours d'inutiles débats, ne pouvant vaincre sa résistance, je lui proposai, pour tout terminer, d'adopter mon projet d'arrêté, et de protester, en me rendant seul responsable, ou de laisser passer le sien, et qu'alors je protesterais.

Cette proposition l'atterra ; il présenta alors, un *mezzo-termine*, par lequel, toutes habitations affermées, ayant moulin, payeraient, pour subvention, le seizième du revenu, et que celles qui étaient, sans moulins et bâtimens, en seraient exemptes. J'accédai à cet arrangement, et tout fut terminé. Battu de ce côté, Sonthonax se retourne d'un autre, et quelque temps après, fait adopter un arrêté, qui met en réquisition tous les sirops provenans des sucres fabriqués ; imposition au moins équivalente au quart des revenus ; elle ne dura qu'environ deux mois. Les plaintes furent si vives, et mes réclamations si pressantes, que j'obtins le rapport de cet arrêté.

Cet acharnement contre la restauration des cultures, si inconcevable alors, est expliqué aujourd'hui. Sonthonax voulait régner. Mon plan devait ramener l'ordre ; et ce n'était que par l'anarchie qu'il pouvait parvenir à la domination à laquelle il aspirait. Aussi, disait-il souvent, dans le délire de son ambition, *que c'était ce plan de culture qui avait perdu la Colonie.*

Ma persévérance et le concert de tous les gens de bien, déjouèrent ses projets de désorganisation. Il fut plus heureux dans les manœuvres qu'il employa pour se rendre maître des élections.

Quelques décades avant la session de l'assemblée électorale, il rassemble autour de lui tous ses affidés. Il assigne les postes ; il distribue les rôles. Tous ses aides de camp battent la campagne ; Mentor est envoyé dans l'Ouest, sous prétexte de l'éloigner ; mais, en effet, pour grossir son parti. *Mon voyage*, lui écrivait-il, dans une lettre que j'ai lue, *ne vous sera point inutile, je vous ai fait beaucoup de partisans aux Gonaïves.*

Tous les chefs des différentes parties, sont invités à exiger des électeurs de leur canton qu'ils se laissent guider, dans leurs choix, par lui et les siens. Le général Moïse, commandant à Vallière, les chefs de brigade Christophe, Charles-Chevalier, Noël Prieur, commandant, l'un à la Petite-Anse, le second à Caracole, l'autre au Dondon, le Général Pierre-Michel qui commandait au Haut-du-Cap, en un mot tous ceux qu'il sait avoir quelque influence sur le peuple, dans leurs cantons respectifs, reçoivent la prière ou l'ordre d'appuyer de leur autorité ceux que Sonthonax désigne ou désignera.

Les moyens secondaires ne sont point épargnés. Des festins sont donnés aux électeurs, chez Leborgne, chez Mentor ; des gratifications sont données aux uns, des places sont promises à d'autres. Les magasins de l'État, le trésor de la République, tout est prodigué pour acheter les suffrages, et il en coûte 100,000 francs à la Colonie, pour faire nommer les *députés* de Sonthonax. Les satellites du bas étage s'agitent en tout sens. On forme des groupes ; Leborgne lui-même ne rougit pas de les pérorer. Pour se populariser, il va danser chez un traiteur, au bal public. Mentor, revenu de sa mission, suit un si bel exemple ; il est imité par Verniaud et par tous les candidats.

Cependant on distribue des listes dans les rues et dans les places, avec la plus scandaleuse publicité. Gignoux, un gros bâton à la main, en donne lui-même, jusqu'à la porte de l'assemblée, et menace les récalcitrans de son sabre et de la colère de Sonthonax.

Les formes ne sont pas plus respectées, dans le sein même du corps électoral. Les élections se commencent, avant que l'assemblée soit complète ; on refuse de faire l'appel nominal, de rendre compte de la vérification des pouvoirs. On donne ou on refuse arbitrairement la parole ; toutes les lois sont violées.

Pascal avait été nommé électeur à la Petite-Anse. Sonthonax et Leborgne veulent l'écarter ; je le supplie de s'abstenir de prendre part à cette monstrueuse *cohue*, dans la crainte que son indignation, qu'il n'aurait pu contenir, ne fournît à des hommes, qui ne cherchaient qu'un prétexte, l'occasion de causer quelque grand désordre, et peut-être d'ensanglanter la scène ; moi-même, je m'abstiens de faire aucune invitation aux électeurs, pour éviter des soupçons de rivalité. J'appaise, je calme, je contiens une foule de bons citoyens, qui venaient me témoigner leur douleur, de voir fouler, aussi indignement aux pieds, les droits sacrés du peuple, dans le seul acte immédiat de souveraineté que la Constitution lui donne le droit d'exercer. Je modère le général Desfourneaux lui-même, et lui fais sentir que s'il a cru remplir un devoir, comme électeur, en protestant contre une telle violation des lois, il en a un autre à remplir, comme citoyen, en veillant au maintien de la tranquillité publique, et à la sureté générale et individuelle. J'écrivis à Toussaint Louverture, pour l'instruire de l'état des choses ; je n'en reçus point de réponse. Ce général était alors occupé à la conquête du Mirebalais, où il n'avait surement été envoyé, à cette époque, que pour le tenir éloigné, et laisser le champ libre à la cabale, durant les élections. C'est dans la même vue, que dans le même-temps, le général Desfourneaux reçut l'ordre d'attaquer Vallière; mais la rapidité de cette expédition déjoua les calculs de Sonthonax.

J'étais indigné, comme tous les gens de bien, des excès d'une audace si effrénée. Mais quelle barrière pouvais-je lui opposer? Mon collègue était évidemment à la tête des perturbateurs ; il tenait, dans sa main, la force armée. Je ne connaissais pas les intentions de celui qui, seul, pouvait porter remède à tant de maux ; la moindre démonstration de ma part, aurait occasionné une rupture, qui pouvait amener les plus grands malheurs. Sonthonax était entouré d'une foule d'hommes dévoués à toutes ses volontés, prêts à exécuter tous ses ordres, et tout le monde sait que les actes les plus arbitraires ne lui coûtaient rien, et que loin de craindre les secousses, il était homme à les provoquer. Ses satellites avaient toujours la menace à la bouche ; ils ne parlaient que d'emprisonnemens, de déportations, d'embarquemens ; un fonctionnaire public, le citoyen Vermond, sans même que j'en eusse été prévenu, avait été arrêté au milieu de la nuit, puis incarcéré, puis embarqué, puis déporté, pour

pour avoir voulu contraindre Leborgne à payer le prix de sa ferme ; tous les citoyens qui ne marchaient pas dans leur sens, étaient en butte à leurs insultes. Je n'étais pas épargné, moi-même, dans les insolentes diatribes de ses agens les plus subalternes. Gignoux, en pleine rue osa dire, devant plusieurs personnes : *Nous savons que Raimond était à la tête de la cabale, qui voulait empêcher la nomination que nous avons faite ; mais Sonthonax le connaît pour un royaliste, et ne tardera pas à le faire embarquer.*

La déclaration de ce propos me fut faite par écrit, et signée du médecin Deseul, commissaire du directoire exécutif près l'administration municipale du Cap. Deux français d'Europe, domiciliés en cette ville, étaient cités, comme ayant entendu ce propos. J'en parlai à mon collégue avec la modération qui fait mon caractère ; il se contenta de me dire *qu'il ne croyait pas Gignoux capable de les avoir tenus. Au reste*, me dit-il, *tu es sûr de moi; donne-moi cette déclaration, je vais envoyer chercher les témoins désignés, et je les questionnerai.*

Il les fait venir, en effet, et réussit, en les intimidant, à en obtenir une déclaration, portant : *Qu'ils ont bien entendu Gignoux dire qu'on ferait embarquer quelqu'un, mais qu'ils n'ont point entendu qu'il m'eût nommé.* Heureusement, pour l'honneur de la vérité, qu'un de ces témoins avait répété au citoyen Giroud, ingénieur des mines, les menaces de Gignoux, telles qu'il les avait consignées dans sa déclaration, et le citoyen Giroud l'écrivit à la Commission.

Le lendemain Sonthonax, me montrant ces deux déclarations extorquées : *Tu vois*, me dit-il, *que Deseul est un coquin ; je le connais depuis long-temps* — *Mais*, lui répliquai-je, *pourquoi, si tu le connaissais pour un coquin, l'as-tu nommé commissaire du directoire exécutif près l'administration muni-*

cipale ? — Que veux-tu ! les sujets sont si rares. J'en restai là, par prudence ; mais Deseul n'en fut pas moins persécuté ; il fut remplacé par Théveneau.

Depuis long-temps, les amis de la France et de la liberté générale avaient conçu des doutes sur la pureté des intentions de Sonthonax ; ils ne pouvaient croire au civisme d'un fonctionnaire public qui mettait, sans cesse, sa volonté à la place de la volonté nationale, ses intérêts personnels à la place des intérêts de la patrie, qui voulait avoir un parti, des courtisans, des hommages, qui n'estimait les hommes que par l'utilité particulière dont ils pouvaient être à ses desseins, et ne jugeait de leur civisme que par leur dévouement à toutes ses passions.

Les patriotes qui l'approchaient, observaient, avec inquiétude, les détours de sa politique, recueillaient, avec soin, tous ses discours, qui, de jour en jour, dévoilaient plus clairement son système d'indépendance. Depuis le départ de Leblanc, il avait laissé percer cette idée. Ce fut à cette époque qu'il commença à jeter en avant, dans le conseil, *que si la France entendait bien ses intérêts, elle proclamerait l'indépendance des Colonies,*

Quelquefois il nous disait, à Pascal et à moi, *que la France s'embarrassait fort peu de Saint-Domingue;* et que d'ailleurs, d'après ses propres principes, elle ne devait pas s'étonner si ceux qui habitaient cette île immense, songeaient à s'affranchir entièrement et à se gouverner eux-mêmes. *La France*, nous disait-il, *a déclaré qu'un peuple s'appartient à lui-même; et je ne vois pas pourquoi celui-ci doit être tributaire d'un peuple en Europe.*

Ces épanchemens de sa politique, qui se renouvellaient souvent, amenaient de si vives discussions, que je vis plusieurs fois le moment où Pascal, jeune homme bouillant et aimant passionnément son pays, allait se compromettre lui-même, et la chose publique, en exprimant à Sonthonax toute l'horreur que lui inspirait une doctrine si criminelle; je crus devoir prévenir une explosion. *Une fois pour toutes*, leur dis-je, *que ces conversations, inutiles et déplacées, finissent. La Constitution est là, qui déclare les Colonies parties intégrantes de la République*; *et le Directoire est aussi là, pour empêcher qu'il ne soit porté atteinte à cette Constitution.*

Cependant les amis de la chose publique me communiquaient leurs alarmes, et me pressaient de prendre un parti, pour prévenir des complots prêts à éclater; j'employais toute mon influence à modérer leur ardeur et à les retenir dans les bornes de la sagesse; je leur représentais qu'une scission, ouverte entre mon collégue et moi, anéantirait le peu de confiance qui soutenait encore le gouvernement; que notre rupture serait le signal de la guerre civile; que la querelle, une fois ouverte, ne pourrait se décider que par les armes, et que nous étions loin de nous trouver en mesure de soutenir, par cette voie, les intérêts de la République: « Vous savez, leur disais-je, que la majeure » partie des chefs noirs est travaillée; peut-être même le Général » en chef est-il trompé, ou il est sincèrement attaché à la France, » ou il est vendu à Sonthonax. Dans le premier cas, il ne pourra » s'empêcher d'ouvrir les yeux sur la conduite plus que tortueuse » de ce commissaire, et de prendre les mesures nécessaires » pour l'arrêter dans sa marche. Au contraire, dans le » second, nous ne ferions, par un éclat, qu'accélérer des » malheurs que peuvent prévenir les premières nouvelles de » France ».

J'étais cependant bien éloigné de partager la sécurité que je m'efforçais d'inspirer aux autres. La conduite de Sonthonax redoublait, chaque jour, mes inquiétudes. Les élections terminées, nous nous flattions que les nouveaux députés partiraient de suite pour France, et les bons citoyens se consolaient de l'indignité de tels choix, par l'espérance de voir la Colonie débarrassée d'agitateurs dangereux ; il semblait même que leur intérêt fût de hâter leur départ, pour prévenir les lumières que la métropole pourrait recevoir sur leur moralité et sur le scandale de leur élection, et par la protestation de Desfourneaux, et par les rapports que des citoyens vertueux pourraient faire parvenir au Corps législatif; mais Sonthonax sut prévenir ces sujets de crainte ; Desfourneaux fut enlevé de nuit, conduit à bord, puis enfermé au secret dans une forteresse, au nom de la Commission, quoique lui seul eût donné l'ordre, et que je ne l'eusse appris que par la voix publique.

Les citoyens Tonnellier, payeur aux Gonaïves ; Vergniaud, président du tribunal ; Pierre-Antoine, employé à l'administration ; Leborgne, agent central, continuèrent les fonctions qu'ils remplissaient avant leur nomination. L'aide de camp Mentor fut nommé adjudant général, au mépris de la loi, qui défend aux citoyens nommés représentans du peuple d'accepter, durant leur mission, aucune place à la nomination du Pouvoir exécutif. Le général Chanlatte arriva au Cap sur ces entrefaites ; Sonthonax le haïssait, mais il haïssait plus encore le général Beauvais, de qui Chanlatte se plaignait, et c'était pour assouvir sa haine contre l'un, qu'il avait fait nommer l'autre au Corps législatif.

Je me demandais, tous les jours, comment après avoir employé tant et de si odieux moyens, pour faire nommer ces hommes à la législature, la plupart contre le vœu bien prononcé du peuple, il s'obstinait à les retenir dans la Colonie, et à les empêcher de se rendre au poste où il les avait placés.

La catastrophe de la superbe frégate l'Harmonie, destinée à transporter les députés en France, et qu'il avait fait sortir à mon insu, sous de vains prétextes, contre les règles de la prudence la plus commune, et quoique nous fussions convenus, la veille, qu'il renoncerait à ce projet; redoublait les murmures du public; il paraissait évident, à plusieurs bons citoyens, qu'on l'avait volontairement exposée au sort qu'elle éprouva, pour rendre impossible le départ de cette députation, dont il paraissait vouloir s'environner; je n'étais pas, moi-même, sans défiance à cet égard. Mes doutes furent bientôt éclaircis, par l'ouverture qu'il fit au conseil.

Après avoir parlé de la privation où nous étions, depuis si long-temps, des nouvelles de France, il ajouta : « Le Gouvernement nous expose beaucoup, et compromet le salut de la » Colonie, par un si long silence; car, le terme de dix-huit mois » fixé par la Constitution, pour la durée de notre mission, une » fois expiré, le peuple est en droit de nous dire de nous » retirer. — Mais quel sera, lui dis-je, le gouvernement qu'on » substituera à celui qu'on aura détruit, en chassant la Com- » mission? — Le peuple, nous dit-il, s'assemblera, et nommera » des députés, à qui il conférera le gouvernement, jusqu'à ce » que la France en ait autrement décidé ».

Malgré les objections les plus fortes de ma part, il n'en persista pas moins dans son système. Cependant ses partisans répétaient ses plaintes, sur l'abandon de la France. *Il y avait dans la Colonie des représentans du peuple, nommés par l'assemblée électorale, et investis des pouvoirs des législateurs. Pourquoi ne s'assembleraient-ils pas? Pourquoi n'exerceraient-ils pas dans la Colonie, sous les yeux et pour le bien de leur commettans, des fonctions qu'ils ne pourraient, de long-temps, aller remplir en Europe? etc.....*

Telles étaient les idées que ses émissaires tentaient de répandre parmi les citoyens. Tous les amis de la France étaient révoltés d'une pareille doctrine ; nous fûmes véritablement effrayés, Pascal et moi, quand nous vîmes Sonthonax reproduire cinq ou six fois au conseil, et à des époques très-rapprochées, les principes que nous avions déjà combattus ; quand nous vîmes les fréquens voyages de Mentor, et toutes les manœuvres de ses affidés. Dès ce moment, nous résolûmes de sonder le général Toussaint, et sur-tout de lui ouvrir les yeux sur les projets perfides que la conduite de Sonthonax nous faisait soupçonner. Nous sentions combien cette corde était délicate, et avec quelle précaution nous devions la toucher, dans le cas où Toussaint Louverture aurait déjà été gagné par lui ; supposition qui nous paraissait d'autant plus fondée, que n'ayant pas eu occasion de connaître ce Général, nous le voyons, à tous ses voyages au Cap, aller sans cesse chez Sonthonax, s'enfermer avec lui, conférer secrètement avec lui, tandis qu'il venait à peine chez moi. J'essayai cependant de le tâter, et voici comment je m'y pris.

Dans un de ses voyages au Cap, lui ayant demandé un entretien particulier, je me rendis chez lui : — « Général, lui dis-je, si » vous avez pris la peine d'étudier ma conduite et mes actions, » depuis mon arrivée dans ce pays, vous aurez vu que je n'ai » eu d'autre désir et d'autre but que la restauration des cultures, » l'affermissement de l'union et de la paix parmi tous les » citoyens, sans distinction de couleur. Vous aurez vu les » sacrifices continuels et l'abnégation absolue que j'ai faite de ma » personne, pour vivre en bonne intelligence, avec mon collégue ; » vous aurez vu sur-tout, ma bonne foi, lorsqu'au départ de » nos dernières dépêches, je vins vous solliciter d'écrire au » Directoire, pour lui exposer la nécessité de continuer les » pouvoirs de Sonthonax, et de le garder dans cette Colonie. » Aujourd'hui, je viens vous dire que Sonthonax, sans égard » pour son collégue, lui préfère des hommes indignes de sa » confiance ».

Alors je lui fis part des menaces de Gignoux, des propos indécens que Leborgne se permettait sur moi, du ton leste avec lequel Sonthonax avait reçu mes plaintes, et sur-tout, de l'accueil qu'il continuait de faire à ceux contre lesquels j'avais de si justes sujets de mécontentement. Je ne lui cachai point que l'indignation de Pascal étant montée à tel point qu'il lui était impossible de la contenir, malgré mes exhortations et mes prières, je lui avois imposé silence, pour éviter d'en venir à des explications prématurées, et l'avais invité à donner sa démission, que nous avions acceptée, Sonthonax et moi.

Après un moment de réflexions, « Je ne répéterai point à votre » collégue, me répondit ce Général, ce que vous venez de me » dire ; parce qu'il est essentiel que je garde cela, dans mon » intérieur ; je lui dirai seulement que j'ai appris, par la voix » publique, que vous êtes divisés, et que le bien de la Colonie » exige qu'il n'y ait aucun nuage entre vous deux ».

J'assurai le Général que mon cœur n'était point aigri contre mon collégue, que j'imputais tout ce dont j'avais à me plaindre, non à son cœur, mais à la méchanceté des malveillans qui l'entouraient.

Sonthonax, à la première visite que je lui rendis, me reçut avec beaucoup de démonstrations d'amitié. Il me dit que le Général lui avait exprimé son désir de nous voir vivre parfaitement d'accord ; qu'il me protestait qu'il n'avait, ni contre moi, ni contre Pascal, aucun ressentiment, et qu'il allait m'en donner une preuve, en annullant la démission de ce dernier, et en le rendant à ses fonctions ; je reçus, avec ma bonne foi ordinaire, toutes ses protestations de sincérité. Pascal même oublia tout ; nous crûmes encore une fois que ce commissaire, rendu aux principes, marcherait enfin au véritable but de notre mission, et nous nous félicitions d'autant plus de cette conversion inespérée, qu'il nous promit de faire partir, sans délai, les députés, parmi lesquels il convenait qu'il se trouvait des hommes dangereux pour la Colonie.

Quinze jours se passèrent dans la plus parfaite intelligence, et tout nous annonçait les heureux résultats que nous avions droit d'espérer; mais Sonthonax ne tint pas ses engagemens. Des sept députés, il n'en fit partir que quatre; il réservait, dit-il, les trois autres pour la première occasion. Parmi ces derniers était Mentor, dont l'esprit audacieux et intrigant nous alarmait. Bientôt, sans arrêté de la Commission, on lui donne, dans le Sud, une mission nouvelle. Il reçoit des instructions secrètes, qui ne nous sont pas même communiquées. A son retour, je demande en vain un rapport, et nous n'avons connu sa mission, que par les agitations et les désordres, qui ont marqué tous ses pas. Sonthonax, à son départ, en a effacé toutes les traces, en emportant toutes les lettres du général Beauvais relatives aux désordres occasionnés par Mentor.

Ces nuages se dissipèrent encore, et Sonthonax nous parut de nouveau revenu aux principes et à ses devoirs; mais bientôt il fit renaître nos soupçons. Tout à coup, l'estime qu'il avait témoignée pour le Général en chef se change en mépris, son affection en haine, ses éloges en diatribes virulentes. Il ne le peint plus que comme un ambitieux hypocrite, comme un homme à qui ses nombreuses perfidies ne pouvaient permettre d'accorder aucune confiance. Il recommence ses déclamations sur l'expiration prochaine de nos pouvoirs, sur le droit du peuple de nous donner des successeurs; il annonce même qu'il sera le premier à déclarer à la Colonie entière que c'était au peuple à nommer, qui bon lui semblerait pour le gouverner, jusqu'à ce que la France envoyât ici de nouvelles autorités.

Dans cet état de choses, le citoyen Sallenave, ancien habitant

que

que je savais avoir l'oreille du Général en chef, m'ayant appris qu'il allait se rendre près de lui : *Dites au Général*, lui dis-je, *que je l'engage à ouvrir les yeux sur Sonthonax, qui lui fait beaucoup de caresses quand il vient ici; dites lui qu'il connaîtra, peut-être trop tard, quels sont les vrais amis de la France et les siens, qu'il prenne garde sur-tout de ne pas se laisser surprendre.* Il me fit répondre verbalement, par cette même personne, *qu'il avait en moi la plus grande confiance; que je pouvais être tranquille, qu'il avait bien étudié l'homme; et qu'il le connaissait.*

Il y avait plus d'un mois que je n'avais reçu du Général en chef, aucune nouvelle, hors deux ou trois lettres d'honnêteté, quand le général Moyse, son neveu, arriva au Cap, le 18 Thermidor. Il se présenta chez moi, à sept heures du soir, et me demanda un entretien particulier; il m'assura des sentimens d'attachement et d'estime de son oncle, et me dit, qu'il était chargé de m'annoncer, de sa part, *qu'il allait se rendre au Cap, et qu'il avait les choses les plus étonnantes à m'apprendre.* J'eus beau le questionner, je ne pus en savoir davantage; Moyse me protesta que c'était tout ce que lui avait confié son oncle, mais que ce qu'il avait à me révéler me ferait frissonner d'horreur.

Après avoir demeuré trois jours au Cap, il partit pour le Fort-Liberté, sans me revoir.

Le lendemain de l'arrivée de Moyse, Sonthonax me demanda *si je l'avais vu.* -- *Oui*, lui répondis-je. -- *Que t'a-t-il dit?* -- Mais rien, sinon que son oncle doit bientôt se rendre ici. -- Je crains bien, continua Sonthonax, qu'il ne soit venu ici pour nous chercher querelle. Sais-tu bien qu'il serait possible qu'ils voulussent nous embarquer? -- Quelle idée! lui dis-je; quel sujet pourraient-ils avoir? -- Je n'en sais rien, répondit Sonthonax;

mais je connais ces gens là. Ils sont traîtres. Que penses-tu, ajouta-t-il, qu'il faille faire, s'ils ont réellement cette intention? — Mon ami, lui dis-je, s'ils employent la force, il faudra bien s'y soumettre, plutôt que de faire répandre le sang, exposer à un massacre les européens qui sont ici, et compromettre l'autorité nationale. Au contraire, en cédant à la violence, nous garantirons, au moins, la ville et la plaine, du pillage et de l'incendie. — Tu as raison, me dit Sonthonax; promettons-nous que nous ne ferons aucune résistance. — Quant à moi, lui dis-je, je le jure. Pascal, qui était présent, en fit autant.

Le Général en chef arrive enfin; il descend chez Sonthonax; n'y reste qu'un instant, et vient chez moi; il était alors environ sept heures du soir. Après m'avoir embrassé, il me dit, avec agitation : « Commissaire, passons dans votre cabinet, j'ai à » vous parler. A peine sommes-nous assis : Commissaire, me » dit le Général, vous êtes attaché à la France; vous êtes attaché » à la Colonie, dont vous voulez la prospérité; je vous déclare » que pour sauver celle-ci et la conserver à la France, il faut » que dans quatre jours, au plus tard, le commissaire Sonthonax » s'embarque. Le péril est imminent, vous-même n'êtes point » en sureté, et je ne puis enfin répondre de la Colonie, sans » cette mesure. — Général, lui dis-je, vous me glacez d'effroi, » par la seule idée du parti que vous paraissez vouloir prendre. » Réfléchissez, je vous en conjure, aux suites funestes que peut » avoir cette mesure violente. D'abord, c'est méconnaître l'autorité nationale dont mon collégue et moi sommes investis. » Envisagez, mon cher Général, qu'un pareil éclat vous perdrait » à jamais, en vous enlevant la confiance que la France entière » a en vous. Songez que l'homme que vous voulez embarquer, » proclama le premier la liberté générale, et que vous pouvez » lui nuire à elle-même, en attaquant celui qui n'a été envoyé

» ici, que pour l'affermir irrévocablement. Songez à vos enfans » qui sont en France, comme des ôtages de votre fidélité. Songez » qu'on ne manquera pas de vous accuser d'ingratitude envers » la France, et qu'on en conclura que les noirs sont indignes » de la liberté. — Commissaire, c'est au contraire pour prouver » mon attachement à la France, c'est pour prouver que les noirs » sont dignes de la liberté, que je demande que le commissaire » Sonthonax s'embarque ; il a formé les projets les plus funestes » à cette Colonie ; il a cherché à désorganiser mon armée, et à » la soulever contre moi. Je vous le répète, Commissaire, il » est instant qu'il parte ; il n'y a pas un moment à perdre ».

Tous mes raisonnemens, toutes mes instances trouvèrent le Général inébranlable dans sa résolution ; je le priai, au moins, de me donner toute la nuit pour réfléchir, et de ne rien entreprendre que je ne lui eusse parlé le lendemain matin ; il me le promit.

Je passai la nuit à chercher, avec Pascal, les moyens de détourner le Général de sa résolution. Je me rendis, chez lui, le matin, muni des argumens les plus forts. *Si Sonthonax a des vues perfides*, lui disais-je, *il cesse d'être dangereux, dès qu'elles sont connues, et que nous agissons de concert.* Je crus un moment l'avoir décidé ; mais avec un mouvement d'impatience bien prononcé, il se frappa la cuisse, et me dit : « Commissaire, » si j'avais pu prévoir que vous m'eussiez fait tant d'objections, » je ne vous aurais point fait part de mon dessein. — Général, » lui dis-je, en me jettant à son cou, et le tenant embrassé, » pourriez-vous me croire capable de trahir votre confiance, » et de rendre à mon collégue votre conversation ? Non, il n'est » pas dans mon caractère de m'exposer, par une indiscrétion, » à tout brouiller, à tout anéantir ; loin de m'en vouloir de » mes observations, elles doivent vous prouver que je suis l'ami

» de l'ordre et de la paix ; que je suis le vôtre. Avec autant » de sujets de plaintes contre Sonthonax, un autre vous aurait » provoqué ; mais je ne vois en lui que le représentant de la » France, un fonctionnaire qui doit être respecté. --- Vous le » voulez, me dit le Général, eh bien! vous devenez responsable » des malheurs qui vont en résulter pour la France. Vous ne con- » naissez pas toute la perfidie de votre collégue ; il vous fera » lui-même embarquer. --- Général, lui dis-je, il est un moyen » de parer à tout, sans causer un éclat scandaleux ; il faut que » nous ayons, Sonthonax, vous et moi, en présence du secré- » taire général, une explication secrète, dans laquelle vous » ouvriez votre cœur, et exposiez tout ce que vous avez de grave » à reprocher à mon collégue. Ensuite, nous lui déclarerons » que s'il veut persister dans ses desseins perfides, nous saurons » y mettre un frein ». Le Général y consentit, et me dit que je pouvais l'en prévenir.

En effet, le matin je me rendis chez Sonthonax ; je ne lui cachai point le mécontentement du Général, et les plaintes amères qu'il faisait de lui --- : « Et de quoi donc se plaint-il ? » me dit Sonthonax. --- Il se plaint, lui répondis-je, de ce que » tu as cherché à désorganiser son armée ; il croit que tu n'as » envoyé Mentor près de lui que pour y parvenir ; il se plaint » enfin de ce que tu l'as trompé plusieurs fois. Au reste, il » veut avoir, demain matin, avec nous trois, une explication » franche, dans laquelle il articulera tous ses griefs. --- Il ne » t'a pas dit autre chose ? --- Non. --- Eh bien ! ce n'est rien ; » nour arrangerons tout cela ».

Nous descendîmes au conseil, où il ne fut question de rien. Pascal et moi nous remarquâmes seulement qu'il était extrêmement préoccupé.

Le soir, vers les sept heures, il m'envoya présenter, par un de ses aides de camp ; un citoyen du Cap, arrivant de Saint-Thomas, et qui nous apprenait la conclusion de la paix. Une frégate de la Guadeloupe, arrivée la veille de son départ, avait apporté cette nouvelle. Une autre frégate l'avait également annoncée à Santo.Domingo.

Le but de cette manœuvre n'était pas difficile à pénétrer. Depuis long-temps Sonthonax travaillait à alarmer les noirs, en leur faisant entrevoir la conclusiou de la paix générale, comme l'époque d'une conjuration terrible contre leur liberté. Je fus cependant, comme la majeure partie des citoyens, dupe de ma bonne foi et de ce nouveau trait de son astucieuse politique.

Le lendemain je me rendis, de très-bonne heure, chez Toussaint : « Félicitons-nous, mon cher Général, lui dis-je, en » l'embrassant, je vous annonce *la paix*, *la paix*, ouï *la paix*, » et je lui racontai comment j'en avais eu la nouvelle. Le Général » souriait en m'écoutant. Vous voyez, poursuivis-je, que cette » heureuse nouvelle va nous mettre à même de patienter, et de » ne faire aucune démarche hasardée ; car nous ne pouvons » tarder à recevoir des nouvelles de France, qui nous tireront » de l'embarras où nous sommes ».

Toussaint me dit qu'il avait vu Sonthonax la veille ; que celui-ci l'avait tant pressé de lui dire, tête à tête, ce qu'il ne devait dire qu'en ma présence et en celle de Pascal, qu'il n'avait pu se dispenser de s'exqliquer avec lui ; qu'en conséquence, la conférence projetée, entre nous quatre, devenait inutile. Je félicitai le Général de ce qu'il était d'accord avec Sonthonax, et je me retirai.

Je me rendis, le même jour, chez mon collégue, à l'heure ordinaire. Sans s'expliquer plus clairement que le Général ne l'avait fait, il me dit que tout s'était arrangé, dans l'explication qu'il venait d'avoir. — Mais es-tu bien sûr, lui dis-je, que le Général ne soit plus fâché ? — Il l'est si peu, me répondit-il, qu'il m'a fait des excuses, et qu'il voulait se mettre à mes genoux. Sois tranquille, ajouta-t-il, tout ira bien.

Je saisis cette occasion pour l'inviter à être plus réservé dans ses discours, plus délicat dans le choix des personnes dont il s'entourait, à renoncer aux intrigues et aux intrigans, à marcher de front avec moi, droit au but de notre mission, au rétablissement de l'ordre, des cultures, et de la paix intérieure ; il m'assura qu'il suivrait mes conseils, et que je pouvais compter sur lui.

Dans ma bonne foi ordinaire, je croyais tout concilié ; je m'en félicitais avec Pascal. Notre joie ne fut pas de longue durée ; car, à sept heures du soir, je vis entrer, chez moi, le général Moyse, Charles Chevallier, commandant à Caracole, et Christophe, commandant de la Petite-Anse ; ils me demandèrent un entretien particulier, et me déclarèrent, au nom du Général, qu'il fallait que Sonthonax partît sous trois jours, sans quoi la Colonie était perdue ; je leur témoignai ma surprise de ce début, et croyant qu'ils faisaient cette démarche de leur chef, je leur en représentai les conséquences, avec toute la chaleur et l'énergie dont je suis capable ; je les assurai enfin que tout était arrangé.

Ils m'écoutèrent en silence ; quand j'eus fini de parler, après s'être un moment consulté des yeux, pour savoir qui porterait la parole ; Christophe me dit : — « Commissaire, votre bonne foi » vous abuse. Sonthonax est un profond scélérat, qui veut » perdre la Colonie ; il m'a proposé dix fois de vous faire » embarquer ; il me traçait même la marche que j'avais à tenir. » Il fallait, disait-il, soulever contre vous, les cultivateurs de » la plaine ; leur faire dire qu'ils ne voulaient pas de fermes, » parce que c'était un moyen que vous employiez pour les » remettre en esclavage. Si je ne vous ai pas dit tout cela, c'est

» parce que je ne voulais pas affliger votre cœur, et mettre, entre » votre collégue et vous, une désunion, qui ne pouvait que » nous être funeste. Mais aujourd'hui il faut que vous sachiez » tout; il faut sur-tout que le commissaire parte dans trois » jours, sans quoi la Colonie est perdue.

» Je savais, lui répondis-je, que Sonthonax avait eu le dessein » de me faire embarquer; j'ignorais que ce fût par des moyens » aussi atroces. Au reste, ce n'est pas de moi qu'il s'agit ici; » mais du respect dû à la représentation nationale; ce n'est » pas de moi; c'est du salut de la Colonie que nous devons nous » occuper; dites au Général que je le supplie de ne prendre » aucun parti avant que je ne l'aye entretenu ».

Le lendemain, nous nous rendîmes, Pascal et moi, à cinq heures du matin, chez le Général en chef. Nous le trouvâmes fort irrité. *Sonthonax, disait-il, cherchait encore à le tromper et à mettre la Colonie en feu. Il lui avait juré qu'il partirait, sous trois jours; en demandant en grâce que l'on ne m'instruisît point des motifs qui rendaient son départ nécessaire, et cependant, non-seulement il ne se disposait pas à partir, mais il cherchait encore à soulever le peuple, par ses agens. Il nous conjura de nous rendre près de lui, de le sommer, au nom du salut public, d'effectuer sa promesse; sans quoi, lui, Général en chef, serait contraint de tout dévoiler.*

Nous nous transportâmes chez Sonthonax, à qui nous rendîmes compte de cette conversation, en lui faisant envisager les dangers auxquels il exposait la Colonie, s'il s'obstinait à ne pas se rendre à son poste, au Corps législatif. Il nous protesta que son intention était de partir; et nous en donna pour preuve, qu'on s'occupait à faire ses malles (CE QUI ÉTAIT FAUX).

Il convint qu'il avait en effet promis au Général d'aller en France; mais que le Général, de son côté, lui avait promis de l'inviter, par une lettre honorable pour lui, à se rendre au poste où le vœu du peuple de Saint-Domingue l'avait élevé. Nous l'assurâmes que le Général tiendrait sa parole. Pascal écrivit cette lettre sous ses yeux, et Sonthonax en fut si satisfait, qu'il l'en remercia affectueusement, et lui dit qu'il le reconnaissait, en ce jour, pour un de ses meilleurs amis.

Nous nous rendons, de suite, chez Toussaint, avec ce projet de lettre. Il assemble les généraux et chefs de corps, leur en donne connaissance, et les invite à la signer, s'ils le jugent convenable. Ils déclarent qu'ils ne peuvent le faire. Le Général leur dit que cette lettre avait été écrite de concert avec Sonthonax. Ils consentent alors à y apposer leurs signatures, si le commissaire les y invite; plusieurs commandans militaires la signent. Pascal se rend au gouvernement pour lui demander cette invitation; mais il avait été prévenu par Rodrigue, chef de brigade du premier régiment des troupes franches, homme de tous les partis, sans principes, sans caractère, sans éducation, intrigant uniquement pour intriguer et jouer un rôle, brouillant tout pour se donner de l'importance, et finissant toujours par se ranger du parti du plus fort. Son aide de camp Bellevue, l'un des plus alertes parmi ses courtiers d'intrigues, était déjà près de lui; tous deux l'engagent à rester, et l'assurent qu'il aura toute la garnison pour le soutenir. Sonthonax demande à Pascal le nombre des signataires. -- Sept à huit, lui répond-il, et il les lui nomme. -- Cela me suffit; et l'invitation que tu demandes est inutile; je partirai. -- Pascal vint rapporter cette réponse. Je me rends, sur le champ, chez Sonthonax; je le trouve seul, avec son aide de camp Bellevue, dans l'attitude d'hommes, dont le geste annonce qu'ils sont décidés à tout braver. A mon aspect, Sonthonax compose son visage; l'aide de camp, honteux de la situation où je les ai surpris, sort sans mot dire. Je remets

remets à mon collégue la lettre qu'il avait sollicitée. -- Excuse-moi, me dit-il, après l'avoir lue, je juis à toi dans l'instant, et il me laisse seul dans son cabinet.

Il y avait plus d'une heure que je l'attendais, quand Pascal entre, et m'annonce que Sonthonax a assemblé, dans sa chambre tous les chefs de corps et qu'il les excite à s'opposer à son départ. En effet, il leur en peignait, avec chaleur, toutes les conséquences ; les blancs égorgés, moi-même embarqué, la ville livrée au pillage, la Colonie vendue aux anglais. Le citoyen Clouard, commandant le 2e bataillon de la 141e demi-brigade, lui observe que le citoyen Vincent, directeur général du génie, lui a assuré que la lettre dont il se plaint, était écrite de son consentement. Il le nie formellement, et jure qu'il n'en a eu aucune connaissance. On fait appeler Vincent. Sonthonax, d'un air impérieux, et du ton de la menace, lui demande de qui il tient qu'il a consenti la lettre qui vient de lui être adressée. Le citoyen Vincent lui répond, avec assurance, que c'est du citoyen Pascal. Sonthonax, un peu troublé, répond qu'on lui a bien parlé d'une lettre, mais qu'il en ignorait le contenu, et poursuit sa harangue.

Le citoyen Vincent sort ; et rencontrant Pascal dans le corridor, *tout est perdu*, lui dit-il, *Sonthonax donne ordre de prendre des postes.* Pascal m'en avertit ; j'entre sur le champ, sans me faire annoncer, dans la chambre de Sonthonax ; je le prends sur le fait. Persuadé que Toussaint m'a tout révélé, il se déconcerte, et changeant de ton ; *tu vois*, me dit-il, *j'exhortais ces Messieurs au calme et à la paix ; je leur disais que la Commission allait prendre un arrêté, et je les invitais à promettre d'y obéir.*

Notre présence rompit l'assemblée. Restés seuls, Pascal et moi, avec Sonthonax, nous lui reprochons sa duplicité, et les malheurs qui peuvent en être la suite. Il cherche à se justifier, et donne pour preuve de sa sincérité, l'arrêté qu'il dicte, et qui est pris sur le champ.

Le général Toussaint, qui, depuis long-temps, connaissait Sonthonax, qui l'avait étudié sans cesse, depuis son retour dans la Colonie, qui suivait toutes ses démarches, et qui connaissait tous les manéges qu'il employait pour faire mettre opposition à son départ, s'était retiré à la Petite-Anse, avec une troupe nombreuse, pour être à portée de surveiller les mouvemens, de combattre les manœuvres, et de prévenir des malheurs. De là, entre lui et moi, une correspondance.

Toutes ces lettres, je les avais communiquées à Sonthonax; et, sur ses promesses réitérées, j'avais donné ma parole d'honneur, au Général, qu'il partirait le soir même.

A huit heures du soir, mon collégue vient me faire ses adieux; m'annonce son départ pour le lendemain neuf heures du matin; ajoute qu'il a donné ordre, à tous les corps civils et à tous les chefs de la force armée, de venir le prendre chez lui, pour le conduire à bord; il m'invite moi-même à m'y rendre; il le désirait, dit-il, pour avoir occasion de parler à tout le peuple, en ma faveur.

Il se retire. Toute ma maison était livrée au sommeil, lorsque vers minuit on frappe à ma porte, à coups redoublés; c'était le général Agé, chef de l'état major général de l'armée, qui accourait pour m'avertir que Toussaint ne pouvait plus être contenu; il venait d'être instruit que Sonthonax m'avait abusé, par de fausses promesses, et qu'il faisait jouer tous les ressorts pour agiter la ville, et forcer les citoyens à s'opposer à son départ. *Le Général en chef*, m'ajoute-t-il, *est à la tête de son armée; il dispose tout pour marcher, et je n'ai pu en obtenir que le temps nécessaire pour avoir votre réponse à la lettre qu'il vous a écrit.*

Je la fais sur le champ, et le conjure, au nom sacré de l'amour de la patrie, de ne rien précipiter, et d'attendre jusqu'à huit heures du matin. Pendant que j'écrivais, un premier coup de canon, puis un second, puis un troisième viennent me glacer le sang; je finis ma lettre, plein de désordre, et je fais repartir de suite le général Agé, que je fais suivre de près par M. Assaretto, capitaine de vaisseau au service d'Espagne, qui avait déjà été envoyé près du Général en chef.

J'attends, dans les plus vives alarmes, le retour de ces officiers; ils arrivent deux heures après, et m'annoncent que le Général se rend à mes sollicitations; mais qu'à huit heures, pour tout délai, le commissaire doit être embarqué.

Je cours chez Sonthonax; je lui fais part de tout, et le conjure de ne pas s'obstiner plus long-temps, par d'inutiles délais, à exposer la Colonie aux malheurs qui la menacent; je le décide également à renoncer au projet de se faire escorter par les autorités civiles et les chefs militaires, et à celui de parler en public, dans la crainte que l'affluence que pourrait attirer la pompe de son départ, ou un mot mal interprêté ne pût fournir, aux agitateurs ou à ses ennemis mêmes, le prétexte d'occasionner quelques mouvemens, dont les suites funestes seraient incalculablas.

Enfin, le 7 Fructidor, à six heures et demie du matin, il se met en route pour s'embarquer, accompagné par moi, par le secrétaire général, par les généraux Agé et Léveilliés, et par le commandant de la place; nous traversons la ville; tout était tranquille; nulle fermentation; nul mouvement; nous arrivons à la cale, et Sonthonax monte à bord de l'Indien, sans murmures de la part des citoyens, sans applaudissemens, sans insultes, sans même qu'un événement aussi inattendu occasionnât le moindre attroupement.

L'Indien mit à la voile, le lendemain 8 Fructidor; à quatre heures du matin.

Tel est, citoyen Ministre, tel est l'exposé fidelle des faits qui se sont passés à Saint-Domingue depuis mon arrivée dans cette île jusqu'à ce jour. Tel est le tableau véritable de la guerre d'intrigue dont j'ai été constamment la victime, qui a empêché le bien que la Commission aurait pu faire, qui a pensé enlever à la France la plus importante de ses Colonies. Il n'est pas dans mon caractère de me porter pour accusateur; il en coûte à mon cœur de dévoiler les turpitudes d'un homme dont j'ai été long-temps l'admirateur, que je chérissais encore, lors même que j'étais sous le poignard de ses sicaires, et dont je n'ai cessé d'être l'ami, que lorsqu'il a été bien démontré, pour moi, qu'il était l'ennemi de la République. Je voudrais pouvoir ensevelir, dans un éternel oubli, les torts immenses de mon collégue; mais l'intérêt de la patrie m'a forcé de mettre, au jour, les criminels attentats du plus dangereux des conspirateurs. Je suis entré dans de longs détails, parce que ce sont ces détails qui peignent vraiment les hommes et les montrent sous leur véritable physionomie.

D'ailleurs, vous rendant compte d'événemens arrivés à deux mille lieues de vous, j'ai cru devoir rassembler toutes les lueurs éparses, pour en former un faisceau de lumière qui pût vous éclairer sur leur cause, leur connexité et le véritable but de leurs auteurs.

Les hommes qui ne connaissent ni les localités, ni les circonstances où je me suis trouvé, ni les personnages qui figuraient ici sur la scène, m'accuseront d'avoir manqué d'énergie. Citoyen Ministre, avec plus de fermeté, je me serais honoré, peut-être, aux yeux de ceux qui ne jugent des actions que par leur apparence; mais j'aurais infailliblement perdu la chose publique.

Comprimé, pendant six mois, par la coalition de deux de mes collégues, et refroidi avec le troisième, par les soupçons dont ils avaient eu la perfide adresse de m'environner, je ne pouvais ni résister seul, ni même opposer une coalition à une autre, sans faire éclater des dissentions, qui, dans la position où se trouvait la Colonie, à la suite des factions qui l'avaient agitée, et qui étaient moins éteintes qu'assoupies, auraient nécessairement rallumé la guerre civile.

Le seul temps, où j'aye véritablement été libre, est celui où, après le départ de mon collégue Giraud, et la rupture de Sonthonax et Leblanc, je pus tenir la balance entre ces deux hommes également ambitieux, également dangereux pour la liberté, sous le manteau de la démocratie dont tous deux affectaient de s'envelopper. C'est pendant cette époque que j'ai fait arrêter le fermage des habitations appartenantes à la République, que j'ai posé les bases du rétablissement des cultures, du retour de l'ordre, de la formation de l'esprit public, bases si heureusement et si fortement établies, qu'elles ont arrêté depuis la marche des conspirateurs, et que la faction de Sonthonax, dans toute sa puissance, est venue échouer contr'elle.

Demeuré seul, avec lui, sans autre appui que la droiture de mes intentions, sans autre force que celle de la loi, dont il se jouait, quelquefois, avec audace, souvent avec une astucieuse dextérité, j'ai marché à mon but, avec une impertubable constance. Aux outrages de ses émissaires, à son insolent despotisme, à tous les manéges de sa faction, j'ai opposé la patience, le calme, l'impassibilité. Je lui ai ôté jusqu'au prétexte de m'attaquer; j'ai fléchi devant toutes ses volontés; j'ai souscrit des actes auxquels je n'ai eu aucune part; je suis devenu le signataire de ses arrêtés, bien plus que son collégue. J'ai tout souffert pour conserver l'apparence de l'union, maintenir la tranquillité intérieure. éteindre les torches prêtes à s'allumer, prévenir l'effusion du sang, l'incendie, le pillage, la désorganisation universelle. S'il est quelqu'un qui ose blâmer cette condescendance; ou si l'on veut cette faiblesse, qu'il me blâme d'avoir sauvé la Colonie, ou qu'il me prouve que j'en ai eu un autre moyen.

Que si l'on me reproche le silence que j'ai si long-temps gardé avec vous, avec les autorités supérieures de la métropole, avant de m'en faire un crime, qu'on sache quel est Sonthonax : qu'on sache que cet homme, pour qui rien n'était sacré, assiégeait ses collègues eux-mêmes d'espions, se faisait rendre compte de leurs démarches, de leurs discours, de leurs relations, des plus petits détails de leur intérieur : qu'on sache qu'il soudoyait, jusques dans leurs maisons, des misérables chargés de trafiquer de leurs secrets, qu'il interceptait leurs lettres, qu'il achetait au poids de l'or celles qu'ils écrivaient et celles qui leur étaient adressées : qu'on sache qu'une seule imprudence pouvait le porter à des partis extrêmes, et que si mon infatigable complaisance et la sagesse du général Toussaint ne l'avaient pas endormi dans une heureuse sécurité, le réveil du lion aurait été terrible, que le sang aurait coulé à torrens, que les flammes du 20 Juin pouvaient se rallumer et dévorer encore la ville renaissante et les richesses qui couvrent les magnifiques plaines qui l'entourent : qu'il sache enfin que Toussaint Louverture lui-même, général en chef de l'armée, investi de la plénitude des pouvoirs militaires, fort de la confiance universelle des citoyens de toutes les couleurs, n'a jamais osé le tenter, et qu'il a été forcé, pour le salut de la Colonie, de souscrire les éloges que mendiait Sonthonax, ou qu'il extorquait par la terreur.

Citoyen Ministre, je finis, par une observation, cette lettre déjà trop longue. En acceptant l'honorable mission que le gouvernement m'a confiée, j'avais promis à la France de rétablir les cultures, de détruire le brigandage, de ramener au travail les hommes qui en avaient été détournés par les mouvemens de la révolution, de prouver que le sol de Saint-Domingue pouva. être fertilisé par des mains libres et produire plus de richess que lorsqu'il était arrosé des sueurs et du sang des esclave Tous les obstacles m'ont été opposés; je les ai tous vaincus. L culture est florissante; les cultivateurs sont libres et heureu La Colonie est toujours à la France. Le seul départ de l'homn qui, le premier, proclama la liberté générale, effectué sa secousse, sans réclamation, sans murmure; ce même homme si long-temps l'idole de ce pays, universellement abandonné au moment où il veut trahir la mère-patrie, est une preuv invincible qu'elle lui est indissolublement attachée. J'ai remp mes promesses. Voilà ma justification et l'argument invincib que j'oppose à tous ceux qui pourraient blâmer ma conduite. E un mot, je jure que j'ai sauvé la Colonie, et que j'ai contrib à la conserver à la France; j'en appelle à tous les habitans c Saint-Domingue; j'en appelle à ceux mêmes qui ont été l victimes des actes arbitraires que j'ai été forcé de souscrire; bie sûr que les uns approuveront mes intentions, et que les autr ne les accuseront pas.

Pour copie conforme à la minute du Rapport adressé a Ministre de la Marine le 18 Fructidor, l'an cinquième de République française, une et indivisible.

Le commissaire du Gouvernement français.

Signé RAIMOND.

Témoin de la plus grande partie des faits relatés dans présent Rapport, je les atteste par ma signature, et à mo arrivée en France, je demanderai à être appelé en présen de Sonthonax, pour le confondre.

Le secrétaire général de la Commission.

Signé PASCAL.

Au Cap-Français, chez P. Roux, imprimeur de la Commission

www.ingramcontent.com/pod-product-compliance
Lightning Source LLC
LaVergne TN
LVHW010044230826
846091LV00005B/1870

* 9 7 8 2 0 1 3 3 7 9 4 2 7 *